Unmögliche Wahrheiten

Erich von Däniken,

geboren am 14. April 1935 in Zofingen/Schweiz, landete 1968 mit seinem Titel *Erinnerungen an die Zukunft* einen Weltbestseller, dem 38 weitere Bücher folgten. Er ist der meistgelesene und meistkopierte Sachbuchautor der Welt. Seine Werke wurden in 32 Sprachen übersetzt und erreichten eine Weltauflage von ca. 65 Millionen Exemplaren. Mehrere seiner Bücher wurden verfilmt, und nach EvDs Ideen entstanden diverse Fernsehserien.

Das Buch

Glaubte man früher, nur die Nazca-Indios in Peru hätten vor Jahrtausenden gigantische Bilder in den Boden gekratzt, weiß man's inzwischen besser. Dieser Spuk existiert weltweit. Im Nordosten Jordaniens, 150 Kilometer nördlich von Medina (Saudi-Arabien), am Aralsee, im Grenzgebiet der mexikanisch-kalifornischen Wüste von Macahui und sogar in der südafrikanischen Kalahari-Wüste – überall existieren riesige Kreise und Räder im Gelände, so weit das Auge reicht, kilometerlange drachenähnliche Gebilde und übernatürliche Wesen mit Strahlenköpfen.

»Wann endlich begreift man die Globalität des Phänomens Nazca?«, fragt Erich von Däniken und belegt es mit eindrücklichen Bildern. »Offensichtlich war die ›Ideologie‹ unserer steinzeitlichen Vorfahren weltweit die gleiche. Es ging immer um Zeichen für die Götter, um Signale an jene, die sich am Firmament bewegten.«

Wer weiß schon, dass König Salomon über einen Flugwagen verfügte, der »an einem Tag eine Wegstrecke von drei Monaten zurücklegte«? Wer hörte je von einer uralten Flugkarte, welche »die Erde mit ihren Kontinenten und Meeren, die bewohnten Landstriche, ihre Pflanzen und Tiere und viele andere erstaunliche Dinge« zeigte?

Durch diesen hochbrisanten Report des meistgelesenen und meistkopierten Sachbuchautors der Welt lernen Sie das Staunen wieder.

Erich von Däniken

Unmögliche Wahrheiten

Von Südamerika nach anderswo

KOPP VERLAG

1. Auflage November 2013
2. Auflage September 2014

Lektorat: Thomas Mehner
Umschlaggestaltung: Stefanie Müller
Satz und Layout: Stefanie Müller
Druck und Bindung: GGP Media GmbH, Pößneck

ISBN 978-3-86445-091-4

Gerne senden wir Ihnen unser Verlagsverzeichnis
Kopp Verlag
Bertha-Benz-Straße 10
72108 Rottenburg
E-Mail: info@kopp-verlag.de
Tel.: (0 74 72) 98 06-0
Fax: (0 74 72) 98 06-11

Unser Buchprogramm finden Sie auch im Internet unter:
www.kopp-verlag.de

Inhalt

Liebe Leserin, lieber Leser,

mein Buch *Reise nach Kiribati* [100] erschien im Jahre 1981. Das liegt 32 Jahre in der Vergangenheit. Ein Jahr später folgte *Strategie der Götter.* [101] Und selbst ein junger Titel wie *Zeichen für die Ewigkeit* [49], in dem ich den gesamten Nazca-Komplex behandelte, ist inzwischen 16 Jahre alt. Erinnern Sie sich noch an die Inhalte dieser Bücher?

Damals berichtete ich über unerklärliche Steinbearbeitungen in der Umgebung von Sacsayhuamán oberhalb der Stadt Cuzco in Peru, schrieb als Erster über »Buritaca 200«, eine Urwaldstadt in der Sierra Nevada von Kolumbien. Behandelte sämtliche Theorien über »das größte Bilderbuch der Welt«, die Wüste von Nazca in Peru. Obschon meine Titel weltweit verkauft wurden, scheint die neue Generation keine Ahnung davon zu haben. Ich erlebe es tagtäglich bei Diskussionen und Interviews: »Buritaca? Was ist das? Sacsayhuamán? Nie davon gehört. Nazca? Ist das nicht dieser UFO-Platz in Mexiko?«

Es nützt nichts, sich über die Welt zu ärgern. Sie ist, wie sie ist. Und Milliarden von Menschen haben unterschiedliche Interessen und ganz andere Sorgen, als sich mit irgendwelchen Rätseln der Vergangenheit herumzuschlagen.

Das Wenige, was ein Forscher tun kann, ist die Dinge in Erinnerung zu rufen und sie zu ergänzen. Was ist eigentlich in den vergangenen Jahrzehnten geschehen? Hat sich das Bild verändert? Sind die Rätsel inzwischen gelöst? Ist neues Material hinzugekommen?

Die Rätsel sind nicht gelöst. Über den Tello-Obelisken und die Raimondi-Stele, beides gefunden in den Ruinen von Chavín de Huántar in Peru, weiß man heute genauso wenig wie vor hundert Jahren. Alle Entzifferungsversuche waren für die Katz. Aber es gibt neue, brisante Ansichten dazu. Die Urwaldstadt Buritaca in Kolumbien ist inzwischen touristisch erreichbar. Und doch ist etwas hinzugekommen: Man kennt jetzt die Schöpfungsgeschichte der Kogi-Indianer. Ihre Urahnen erbauten die Stadt. Die »Genesis« der Kogi hat's in sich. Super! Und Nazca? Ist nicht längst alles dazu geschrieben worden?

Im vorliegenden Buch wiederhole ich gerade mal anderthalb Textseiten über Nazca. Schließlich müssen die neuen Leser verstehen, was ich überhaupt behandle. Dann lasse ich 38 Bilder sprechen. Nur zwölf davon habe ich früher gezeigt. Alle Bilder sind atemberaubend. Es ist geradezu unheimlich, was in dieser Wüste von Nazca zu bestaunen ist. Und nichts, gar nichts passt zu den wissenschaftlichen Erklärungen. Weshalb nicht? Vermutlich, weil der Denkansatz aus einer verkehrten Ecke kommt. Jede Erklärung beginnt mit der Archäologie und der Evolution. Wie wär's andersherum? Mit einem Modell aus der Technologie? Zudem, und dies ist nicht bekannt, existieren auch gigantische Bodenzeichnungen am Aralsee, in Jordanien, Saudi-Arabien, Chile und Mexiko. Wer weiß etwas darüber? Man darf Nazca in Peru nicht isoliert betrachten. Nazca ist weltweit. Diese Feststellung gilt auch für die Überlieferungen zu Flugwagen der Antike. Alles hängt zusammen. Die Bodenzeichnungen und die Überlieferungen. Dahinter steckt Zündstoff.

Wer hat schon je etwas über die *»Piedras de Tunja«* in Kolumbien gelesen? Über Gesteinsverglasungen in Saudi-Arabien? Über einen versteinerten Wald mit zersägten Baumstämmen? Zersägt vor Jahrmillionen, obschon es damals weder Menschen noch Sägen gab? Wer weiß schon, dass sämtliche antiken Kulturen auf einem 40 000 Kilometer langen Band liegen, das um den Globus läuft? Wer hat je davon gehört, dass Nazca in Peru genauso weit von Giseh in Ägypten entfernt liegt wie Teotihuacán in Mexiko von Giseh? Oder dass die Distanz von Angkor Wat in Kambodscha nach Nazca dieselbe ist wie die Strecke Mohenjo-Daro in Pakistan zur Osterinsel in der Südsee?

Die Welt der grauen Vorzeit ist fantastisch. Sie verändert unsere Erkenntnisse, wirft neue Fragen auf, bezweifelt den natürlichen Ablauf der Evolution. Sicher gibt es die Evolution – aber nicht nur.

Dies ist der vierte Band einer Fünf-Bände-Serie über die Ungereimtheiten der menschlichen Entwicklung. Jeder Band enthält 160 bis 200 Bilder und nur 100 Seiten Text. Im kommenden Jahr erscheint Band 5. Damit werden es dann rund 1000 Bilder und 500 Textseiten sein. Und jeder Band behandelt ein anderes Gebiet.

Tauchen Sie ein in die Welt der unmöglichen Möglichkeiten.

Ihr

Erich von Däniken
im August 2013

1. Kapitel

Von Peru nach Jerusalem

Am 18. April 1980 besuchte ich mit drei Begleitern die archäologische Stätte von Chavín de Huántar in Peru. Monate vorher hatte ich in einem Magazin etwas über einen geheimnisvollen Tempel einer unbekannten Kultur gelesen. Der Landkarte entnahm ich, wo dieses Chavín de Huántar eigentlich lag. Weit oben irgendwo in den Anden. So fuhr ich denn in einem Mietwagen in aller Herrgottsfrühe von Lima aus auf der *Panamericana del Norte* in Richtung Trujillo, der viertgrößten Stadt Perus. Beim Städtchen Pativilca bog ich rechts in Richtung Berge ab. In engen Serpentinen begann die Steigung aus einer rostbraunen Schlucht heraus, höher und höher bis zur letzten Tankstelle in Cajacay auf 2600 Metern Höhe. Ab dem Indiodorf Catac war die Straße nicht mehr asphaltiert, führte immer steiler hinauf zum eisigen Bergsee Quericocha. Dann, auf 4510 Metern Höhe, der Tunnel am Kahuish-Pass. Unter »Tunnel« sollte man sich keine Bergunterführung wie in Europa vorstellen. Der 500 Meter lange »Tunnel« war ein grob aus dem Felsen herausgehauener Gang mit tiefen Schlaglöchern. Von den Decken und Wänden rieselte halbgefrorenes Gletscherwasser. In europäischen Breitengraden hätte ich längst die Gletscher erreicht, doch Peru liegt dem Äquator näher. Hier oben gedeiht noch spärliches Gras, wachsen dürre Büsche. Auf der anderen Tunnelseite erwartete mich eine steile Abfahrt hinunter ins Mosnatal. Die Naturstraße windet sich Kurve um Kurve wie eine endlose Schlange den Hang hinunter. Man wird linksäugig, weil zur rechten Seite der tödliche

Abgrund droht. Ich empfehle die Strecke nur sehr versierten Autofahrern. Beim Dörfchen Machac (3180 Meter hoch gelegen) endlich die Talsohle. Unübersehbar liegen die Ruinen von Chavín de Huántar unmittelbar an der Straße.

Die Ruinenstätte verdient die Bezeichnung »rätselhaft«, denn niemand kennt die Erbauer, noch gelang es, die kuriosen Darstellungen auf den Stelen und an den Wänden zu entschlüsseln. Also wird in der Fachwelt nebulös von einer »Chavín-Kultur« gesprochen – was immer das sein soll. Das Hauptgebäude mit 72,90 Metern Länge und 70 Metern Breite besteht aus Granitblöcken – die untersten sind am besten erhalten. (Bild 1 bis 3) Doch diese Blöcke stehen ihrerseits auf zugeschnittenen Platten – und die wiederum auf einer planierten Fläche. Irgendwann in den Tiefen der Vergangenheit müssen wohl hervorragende Ingenieure am Werk gewesen sein. Das Haupttor der Anlage ist nach Osten ausgerichtet. Zwei Säulen, überdacht von einem neun Meter langen Monolithen, markie-

► 1

▸ 2

▸ 3

► 4

ren den Eingang. Wobei ich nie begriffen habe, was dieses »Haupttor« eigentlich soll. (Bild 4) Heute liegen hinter dem »Haupttor« einige Monolithen und ein Schutthaufen. Offensichtlich angeschwemmt durch eine Überflutung.

Dann gibt es noch den »versenkten Platz«. So genannt, weil er auf einer tieferen Ebene liegt als die Gesamtanlage. (Bild 5) Von hier aus führen vier Treppen präzise in die vier Richtungen der Windrose. Alle Ruinen zusammen ergeben eine Fläche von rund 13 Hektar – das meiste davon stand auf einer künstlich angelegten, steinernen Plattform. Wo – bitte! – sind die Geheimnisse?

Unter der Hauptanlage – El Castillo genannt – existiert ein Netz von Korridoren und kleineren Räumen. Dazu ein Kanalisationssystem, das die periodischen Überflutungen von zwei Bächen ableitet. Im Südosten fließt die kleine Mosna und im Nordwesten der Bach Huacheqsa. Der entspringt in einem Hochgebirgssee, und wenn das Eis taut, brechen die Ufer wie berstende Staudämme.

▶ 5

► 6

► 7

Seit die Anlage nicht mehr intakt ist, wurde sie von mehreren Überschwemmungen heimgesucht. 1919 führte der peruanische Archäologe Julio C. Tello weitläufige Grabungen durch. Als er 1934 zurückkehrte, hatte eine Überflutung »einen Teil des Hauptflügels zerstört« [1]. Tello schrieb, ein Drittel des Komplexes, den er 1919 noch intakt gesehen habe, sei jetzt weggeschwemmt gewesen. Viele unterirdische Gänge und Kanäle seien ausgespült worden.

Ich bin in einige dieser Gänge gekrochen. Oft endeten sie blind, oder ich stieß andernorts ans Tageslicht als dort, wo ich eingestiegen war. Mal schlüpfte ich aus einem runden Loch, oder es führte ein rechteckiger Schacht ins Freie. (Bild 6 bis 10) Dann wieder waren Korridore mit Monolithen abgedeckt, als

▸ 8

► 9

► 10

▶ 11

befände man sich in der Großen Pyramide von Ägypten. (Bild 11 und 12) Oft bestanden sowohl die Seitenwände als auch die Decke aus monolithischen Blöcken, und exakt hier beginnen die Rätsel von Chavín de Huántar. Die heute groben Wände waren ursprünglich mit gravierten Platten beschichtet, von denen im April 1980 noch etliche am Boden lagen. (Bild 13 bis 15) Andere, weggespült durch die Überschwemmungen, lagerten jetzt draußen an der Tempelwand. Doch was um alles in der

► 12

► 13

► 14

► 15

Welt wurde hier dargestellt? Bild 16 ergibt überhaupt keinen Sinn, und bei den Bildern 17 und 18 sind gerade einmal die Stoßzähne der undefinierbaren Wesen identisch. Die Darstellung auf Bild 19 lässt immerhin eine Gestalt mit einem abgerundeten Gegenstand in der Faust erkennen, und Bild 20 soll laut Lehrmeinung ein Jaguar sein. Seltsam. Einen ähnlichen »Jaguar« zeigt Bild 21. Seit wann tragen Jaguare Schlangen auf dem Rücken und die Klauen von Greifvögeln? Mich erinnert das Monstrum an Cargo-Kulte = missverstandene Technologie.

► 16

► 17

► 18

► 19

 20

▸ 21

▸ 22

(Cargo-Kulte beschrieb ich im vorletzten Band auf Seite 13 bis 18). [2] Und immer wieder fein ziselierte Darstellungen, als ob sie mit einem Zahnbohrer in den Granit gezogen worden wären. Bild 22 zeigt zwei geflügelte »Cherubim«, eine handwerkliche Meisterleistung, sauber aus der Platte graviert. Insgesamt, so belehrte mich ein lokaler Archäologe, waren ursprünglich 14 dieser fliegenden Wesen vorhanden. Sieben hätten nach Norden, sieben in Richtung Süden geblickt. Heute sind nur noch Rudimente davon erkennbar.

Mitten auf einer der unterirdischen Kreuzungen steht »El Lanzón« – die Lanze, der Speer. El Lanzón ist knappe vier Meter hoch und passt schon von seinen Ausmaßen her nicht in die Gänge. Die sind nämlich nur rund einen Meter breit und zwei Meter hoch. Die doppelt so hohe Stele war im Untergrund um keine Ecke herum zu bugsieren. Die Planer von

► 23

Chavín de Huántar müssen von Baubeginn an eine Deckenöffnung freigelassen haben, um El Lanzón später auf die Kreuzung im Tempelinnern herabzulassen. Die Gravur auf El Lanzón ist, was ihre Bedeutung anbetrifft, genauso schleierhaft wie der Rest der Darstellungen. (Bild 23) Zum selben Universum des Unerklärlichen gehören auch die steinernen Köpfe, die, eingeklemmt zwischen den Monolithplatten, aus den Wänden herausragten. (Bild 24 bis 27) Ich gestehe, keinen blassen Dunst zu haben, wen diese Schädel eigentlich darstellen sollen.

▸ 24

► 25

► 26

▸ 27

Es wird noch verrückter: Im Freien auf dem »versenkten Platz« fand ein Mitarbeiter des Archäologen Julio C. Tello einen Obelisken, der heute im Archäologischen Museum von Lima steht. Man nennt ihn »Tello-Obelisken«, und seit seiner Entdeckung wartet er auf eine Entschlüsselung. Ich stand genauso ratlos davor wie hundert andere, fotografierte das Ding von allen Seiten und hoffte auf eine Erleuchtung. (Bild 28 bis 33) Auch peruanische Archäologen wissen nicht mehr als alle anderen: nämlich nichts. Die unverständlichste aller Ungereimtheiten aus Chavín de Huántar ist aber die »Raimondi-Stele«. Sie schlägt jeden Rekord auf der Skala des Rätselhaften. Antonio Raimondi fand das Wunderwerk im Zentrum der Anlage und ließ das Prunkstück im Jahre 1873 nach Lima transportieren.

▸ 28

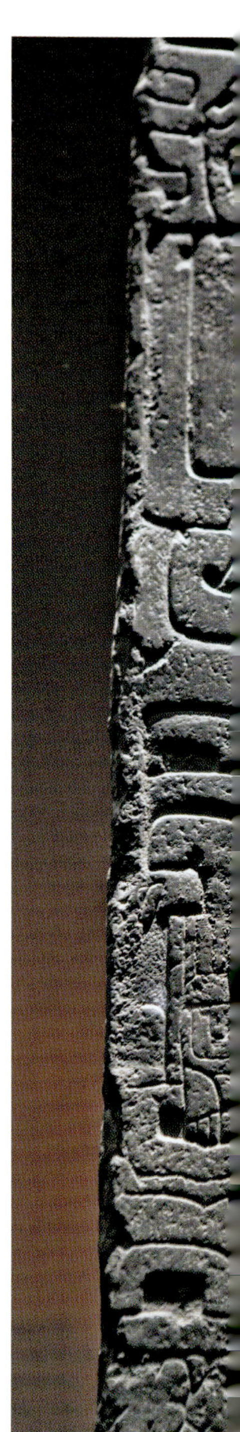

▸ 29

► 30

► 31

► 32

▸ 33

► 34

Die Raimondi-Stele ist aus schwarzem Diorit gearbeitet, 1,75 Meter hoch, 73 Zentimeter breit und 17 Zentimeter dick. Diorit hat den Härtegrad acht. Um dieses Material zu bearbeiten, sind Diamanten notwendig. Die Feinheit der Gravuren zeugt von einer unfassbaren Präzision, von Schablonen und rotierenden Bohrern. (Bild 34 und 35) Was sagt die Wissenschaft zur Darstellung auf der Raimondi-Stele?

▸ 35

Prof. Dr. Miloslav Stingl [3]:

»Die Raimondi-Stele stellt den Jaguarmenschen dar. Aus seinem göttlichen Haupt wachsen weitere und immer mehr hochstilisierte Jaguarmenschen hervor …«

Dr. H. D. Disselhoff [4]:

»… ein aufrecht stehender Jaguarmensch, der in jeder Hand ein mehrteiliges, reich mit Kurven ornamentiertes Szepter hält. Das Unterteil läuft in stilisierte Raubtierköpfe aus, oben in ein pflanzliches Emblem …«

Dr. Rudolf Pörtner und Dr. Nigel Davies [5]:

»… stellt eine raubtierköpfige Gestalt dar. Jede der beiden seitlich angewinkelten Hände hält einen verzierten Stab, der den Kopf der Figur weit überragt … Kopfschmuck mit übereinander angeordneten Mündern mit heraushängenden Zungen … und Schlangenköpfen …«

Prof. Hermann Trimborn [6]:

»… zeigt in einem flachen Relief ein felides (katzenähnliches, EvD) Ungeheuer mit Szeptern in seinen Krallen. Es ist von einem ganzen Aufbau geöffneter Raubtierrachen gekrönt, von denen Schlangen ausgehen.«

Prof. Horst Nachtigall [7]:

»Dargestellt ist eine tiermenschliche, stehende Figur, mit einem tierischen Kopf und einem aus Monsterköpfen bestehenden Kopfschmuck, der von einem Strahlenkranz umrahmt wird. Hände und Füße zeigen tierische Krallen; um den Leib ist ein Schlangengürtel gelegt.«

Prof. Dr. Siegfried Huber [8]:

»Die Einzelheiten der Reliefzeichnung sind wie Chiffren: Reißzähne, Schlangenköpfe, rätselhafte Verschlingungen, Augen – symbolisch ohne Aufschluss –, surreal, wenn überhaupt ein Wort passen kann. Eine versteinerte drohende Geste eines angsterfüllten Daseins.«

Dr. Friedrich Katz [9]:

»Auch hier finden sich Haare in Schlangenform und stark jaguarähnliche Gesichtszüge. Der Raimondi-Stein besteht aus einer Aufschichtung mehrerer Körper und Gesichter in fast monströser Form.«

Dr. H. G. Franz [10]:

»In der stehenden Figur wird der Kultführer, Priester, Schamane dargestellt mit einer Maske, die als Gesichtsmaske oder Überwurfmaske mit Tierfell in einer fantastischen Umformung erscheint …«

Dr. Inge von Wedemeyer [11]:

»… das vollendete Bild der höchsten Inkarnierung der Gottheit, des Schöpfergottes Viracocha.«

Ein richtig fachkundiger Interpretationssalat! Keiner weiß Genaueres, aber jeder erkennt etwas anderes. Woran soll man sich halten? An hochstilisierte Jaguarmenschen? Pflanzliche Embleme? Münder mit heraushängenden Zungen? Ungeheuer mit Szeptern? Raubtierrachen? Monsterköpfe mit Kopfschmuck? An ein angsterfülltes Dasein? An Haare in Schlangenform? An einen Kultführer mit Maske? An Tierfelle? An den Schöpfergott Viracocha?

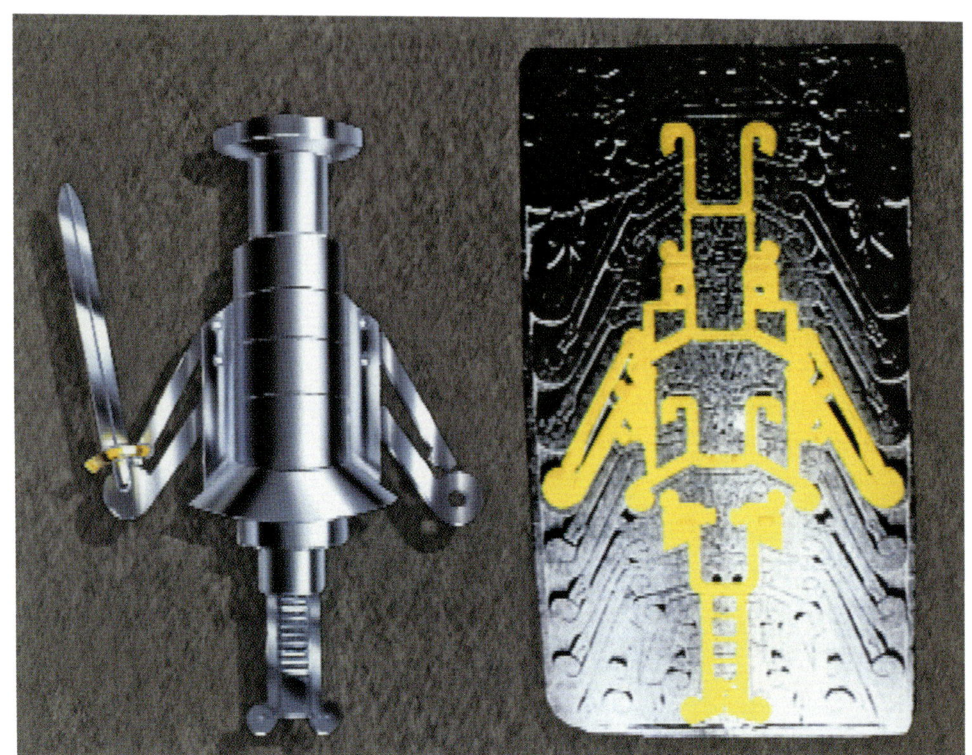

► 36

Wie so vieles aus der alten Welt riecht auch die Darstellung auf der Raimondi-Stele nach missverstandener Technologie. Geht es weder um »Jaguarmenschen« noch um »hochstilisierte Köpfe«? Weder um »Maskentürme« noch um »Szepter«? Sondern um einen Motorblock, angetrieben von einer Dampfmaschine? Um ein technisches Gerät mit Multifunktionen?

Dieser Gedanke ist nicht so verwegen, wie er klingt. Dr. Wolfgang Volkrodt, ein brillanter Ingenieur ohne archäologische Vorurteile, entlarvte jedes Detail der Darstellung auf der Raimondi-Stele als pure Technologie. [12] Tatsächlich zeigt die Stele einen dampfproduzierenden Kessel mit »Sperrklinkenfedern«, »Einspritzdüsen«, »Schnalzhebeln«, »Drehkolben«, »Zuluftkanälen«, »Blattfedern« und »Kugelgelenken«.

▸ 37

(Bild 36 und 37) Nichts, aber auch gar nichts wurde ausgelassen. Jede Einzelheit auf der Raimondi-Stele ist technisch sehr sinnvoll interpretierbar. Um die Zusammenhänge zu erkennen, muss die Raimondi-Stele nur auf den Kopf gestellt werden. Wozu soll die Maschine gedient haben? Man konnte damit Lasten hochheben, schneiden und auch transportieren.

Aha! Und woher sollen die »primitiven Steinzeitler«, die Erbauer von Chavín de Huántar, ihr technisches Wissen gehabt haben? Oder andersherum gefragt: Wer soll ihnen eine raffinierte Dampfmaschine mit Multifunktionen geschenkt und sie auch noch in deren Gebrauch unterwiesen haben?

Gegenfrage: Wer schenkte dem Herrn Moses der *Bibel* eine Bundeslade? Wer gab dem biblischen Noah die exakten Maße, um eine Arche zu bauen? Wer vernichtete die Feinde des Pharaos mit einer geflügelten Sonnenscheibe aus der Luft? [13] Wer entführte unseren Stammvater Abraham ins Weltall? [14] Aus welcher Werkstatt stammten die »fliegenden Maschinen«, Vimanas genannt, im alten Indien? [15] Wer waren die »Wächter des Himmels« im Buche des Propheten Henoch? Wer seine Lehrmeister in Astronomie? [16]

Und so weiter! Es waren stets Angehörige derselben Truppe. Abkömmlinge jener »himmlischen Lehrmeister«, von denen es in der antiken Literatur nur so wimmelt. Und auf deren Spur ich seit 60 Jahren wandle.

Allein durch seine Existenz spielt Chavín de Huántar den Fachleuten einen Streich. Die Anlage hat keine Vorbilder, lässt sich nicht auf die bewährte Tour in eine Entwicklungsgeschichte pflanzen. Das Problem ist auch den Archäologen bewusst. Prof Dr. Miloslav Stingl, Mitglied der tschechischen Akademie der Wissenschaften, meint:

»Das Erscheinen der Chavín-Kultur gleicht eher einer Explosion, einer unerwarteten Entladung, deren Wirkungen und Folgen eigentlich ganz Peru übersät haben.« [3]

Dr. H. D. Disselhoff:

»Meiner Überzeugung nach waltete ein noch ungeklärter Einfluss von außen bei der Entstehung der Chavin-Kultur mit.« [4]

Auf den Punkt bringt es Professor Walter Krickeberg:

»Schon oft ist hervorgehoben worden, dass die Entwicklung der höheren Kultur im alten Amerika sich nicht … in langsamen, kontinuierlichen Schritten vollzog, sondern sprunghaft, fast möchte man sagen explosiv, … ohne Vorstufen erscheinen bereits die ältesten amerikanischen Hochkulturen auf der Szene: in den Andenländern die von Chavin. Diese merkwürdige Erscheinung lässt sich nur dann befriedigend erklären, wenn man einen oder mehrere Anstöße annimmt, die von außen auf das alte Amerika einwirkten.« [17]

So ist es. Chavín de Huántar kennt keine langsame Entwicklungsgeschichte. Man bedenke: Da hat irgendwer ein unebenes Felsgelände in den hohen Bergen abgetragen und planiert – und dies gleich auf einer Ausdehnung von 50 000 Quadratmetern. Da wurde bereits bei der Planung der Hochbauten ein tief darunter liegendes Kanalisationssystem in einer Weise angelegt, dass die späteren Bauten exakt auf die unterirdische Infrastruktur passten. Da stand ein Know-how von Werkzeugen für die Steinbearbeitung und den Transport der Blöcke zur Verfügung – und dies im Hochgebirge. Da standen Künstler mit besonderen Fähigkeiten bereit, um die unzähligen Granit- und Dioritplatten präzise zu gravieren. Dabei müssen Diamantbohrer zum Einsatz gekommen sein – die Raimondi-Stele beweist es. Welche Mannschaft kommt für all dies infrage? Und was stellten die Gravuren überhaupt dar? Oft werden tiermenschliche Mischwesen gezeigt, die genauso gut Roboter sein könnten. Begriffen die Künstler überhaupt, was sie darstellten, wurden sie aus Vorstellungen der Überlieferung heraus tätig oder diktierte ihnen ein großer Unbekannter ihre Vorlagen? Und wozu das Ganze?

In alten Texten werden Dinge beschrieben, die es nie gegeben haben kann. Da fliegt in der *Bibel* der Prophet Elisa mit einem feurigen Pferd zum Himmel. Dass Pferde weder fliegen noch Feuer speien können, wussten auch unsere Vorfahren, die mit Vierbeinern vertrauter waren als wir. Es gab genauso wenig fliegende Jaguare, geschweige denn fliegende Schlangen (bei den Maya). Im sumerisch-babylonischen *Gilgamesch-Epos* schleudern die Helden Gilgamesch und Enkidu einem Ungeheuer Pfeile entgegen: »*Chumumba selbst sahen sie kommen. Pranken hatte er wie ein Löwe, der Leib mit ehernen Schuppen bedeckt, an den Füßen die Krallen des Geiers, auf dem Haupte die Hörner des Wildstiers … Sie schossen die Pfeile auf ihn, warfen das Wurfholz. Die Geschosse prallten zurück, er blieb unversehrt.*« [18]

Im Buch des alttestamentarischen Propheten Hiob (Kap. 41 ff.) wird ein »Flusspferd« beschrieben, das nie eines gewesen sein kann:

»*Seine Knochen sind Röhren von Erz, seine Gebeine wie Stäbe von Eisen …, aus seinem Rachen fahren Fackeln und Feuerfunken sprühen hervor. Aus seinen Nüstern kommt Rauch wie aus einem siedenden Topf. Sein Atem sengt wie glühende Kohlen …*

Wenn es emporfährt, fürchten sich die Starken, vor Schrecken werden sie verwirrt. Vor seinen Zähnen hält das Schwert nicht stand, nicht Spieß, nicht Wurfgeschoss noch Panzer …« [19]

Es ist wohl unbestritten: Derartige Lebewesen existierten zu keiner Zeit. Beschrieben wurde stets eine missverstandene Technologie. Cargo-Kult – weiter nichts. Was die Schrift vermag, kann auch das Bild. Die Raimondi-Stele von Chavín de Huántar zeigt Technologie. Woher soll die stammen?

In meinem Werk *Falsch informiert!* behandelte ich das *Buch Mormon.* [20] Dabei ging es um eine unterirdische Metallbibliothek, die in Ecuador tatsächlich existiert. Zwar ist das *Buch Mormon* ein religiöses und kein wissenschaftliches Werk, dennoch enthält es Teile einer jahrtausendealten Geschichte. Genau wie die *Bibel* oder die *Thora.* Die Überlieferungen im *Buch Mormon* können sehr wohl der Startpunkt für Chavín de Huántar mit seiner unverständlichen Technik und den rätselhaften Gravuren gewesen sein. Wie das? Um diese Zusammenhänge klarzumachen, muss ich einige Gedanken aus *Falsch informiert!* [25] in Erinnerung rufen.

Im *Buch Mormon,* der »*Bibel*« der Mormonen, wird ein Stammesfürst des Namens Lehi Zeuge einer göttlichen Herniederkunft.

»*Während er zum Herrn betete, kam eine Feuersäule und ließ sich vor ihm auf einem Felsen nieder … Und er sah ein Wesen mitten vom Himmel herabsteigen und gewahrte, dass sein Glanz heller war als die Mittagssonne.*« (*Buch Mormon,* Kap. 1, Vers 6 ff.)

Ähnliches war schon anderen Hauptfiguren der antiken Texte wiederfahren. Ich erinnere an Moses! [19] An Abraham! [14] An die Pharaonen! [13] An Henoch! [16] An Arjuna! [21]) Dem Lehi aus dem *Buch Mormon* erging es genauso. [22]

Dieses Wesen aus der Feuersäule befahl Lehi, seinen Stamm zusammenzurufen. Dem Clan sei es bestimmt, in ein fernes Land zu reisen. Unter Anleitung des mysteriösen Herrn baute die Lehi-Truppe acht Schiffe, und zwar »*nicht nach der Art der Menschen*« (*Buch Mormon,* 1, 18, 2). Dann übergab der »Herr« seinen Schützlingen 16 leuchtende »Steine« – für jedes Schiff zwei. Diese »Steine« erhellten das dunkle Schiffsinnere rund um die Uhr. Zusätzlich erhielt Lehi für jedes Schiff einen Kompass. Um es klipp und klar auszudrücken: Lehi und sein Clan hatten es nicht mit einem übernatürlichen Gott zu tun. Mit keinem Wesen, das Wunder aus dem Nichts bewirken konnte. Ein Wundergott hätte weder Leuchtsteine noch Kompasse benötigt. Und auch keine Schiffe, die zuerst nach seinen Anweisungen, »nicht nach der Art des Menschen«, gebaut werden mussten.

Mormonenforscher sind überzeugt, Lehis Mannschaft sei von der Küste des heutigen Golfes von Aden in See gestochen und habe über den südlichen Pazifischen Ozean die südamerikanische Küste erreicht. [23]

Dieser Lehi des *Buches Mormon* war ein Jaredit – ein Abkömmling von Jared, dem sechsten Patriarchen vor der Flut. Deshalb nennt man seine Nachfahren »die Jarediten«. Nachdem der alte Lehi verstorben war, übernahm sein Sohn Nephi das Kommando. Seine Nachkommen nennen sich »Nephiten«, doch die ganze Gemeinschaft mit ihren vielen Stämmen bezeichnet sich weiterhin als »Jarediten«. Und was tat Nephi im fremden Gebirgsland, das wir heute Südamerika nennen?

»Und ich, Nephi, baute einen Tempel in der Art des Tempels Salomons, verwandte dabei aber nicht so viele kostbare Dinge, denn sie waren im Land nicht zu finden, daher konnte er nicht wie Salomons Tempel gebaut werden. Aber in seiner Bauart glich er dem Tempel Salomons; und die Arbeit daran war außerordentlich schön.« (2. Buch Nephi, Kap. 5, 16)

Dieser Aussage zufolge müsste sich in Südamerika in verkleinertem Maße ein Tempel finden lassen, wie Salomon ihn im alten Jerusalem hatte erbauen lassen. Angelegt unter Berücksichtigung der vier Himmelsrichtungen. Eine Anlage mit Vor- und Innenhöfen, einem Haupttempel, darin viele Korridore und Räume, einem Allerheiligsten und vielleicht der Kopie von etwas »Geheimnisvollem« ähnlich der »Bundeslade«. Zudem ein Tempelbach und vier Tore, die in die vier Himmelsrichtungen weisen. Schließlich müsste das Bauwerk irgendwie mit der heiligen Zahl Sieben verbunden sein. Last, but not least: Der Tempel in Südamerika müsste sozusagen aus dem Stand heraus errichtet worden sein – ohne Vorbilder bei typisch südamerikanischen Kulturen.

Die Zahl Sieben hat Tradition. Bei den Juden zeugen die sieben Schöpfungstage wie der siebenarmige Leuchter davon. In den Offenbarungen des Johannes ist die Rede vom »Buch mit sieben Siegeln«. Eine ähnliche Rolle spielt die Sieben auch bei Chavín de Huántar. Es waren 14 »Cherubim« – zwei mal sieben –, die in die Monolithplatte über dem Haupttor graviert waren. Sieben blickten in Richtung Norden, sieben in Richtung Süden. Unten auf dem Platz, wo der Tello-Obelisk gefunden wurde, steht der »Altar der sieben Ziegen«. Man nennt ihn auch den Altar des Sternbildes Orion. Sieben Löcher in der Altarplatte zeigen ungefähr die sieben Hauptsterne im Sternbild des Orion. Die Raimondi-Stele weist beidseitig sieben »Arme« oder »Schlangen« auf. Und wie die Fachleute herausfanden, taucht die Zahl Sieben überall im Tempel von Chavín de Huántar auf. [24]

Die unverständliche Anlage von Chavín de Huántar hat einige Gemeinsamkeiten mit Salomons Tempel in Jerusalem:

- Der Tempel ist nach den vier Himmelsrichtungen ausgerichtet – wie der Tempel Salomons.
- Die Zahl Sieben ist die heilige Chiffre – wie in Jerusalem.
- Der Tempel war Heiligtum, religiöses Zentrum und Wallfahrtsort – wie in Jerusalem.
- Der Tempel steht über unterirdischen Stollen und Kanälen – genau wie Salomons Tempel.
- Chavín de Huántar besaß im fensterlosen Heiligtum (El Castillo) ein Ventilationssystem, die Innenräume wurden künstlich beleuchtet – wie beim Allerheiligsten in Jerusalem.
- Die Anführer oder Priester von Chavín de Huántar hatten von ihrem »Gott« Technologien erhalten, die ihrer Zeit voraus waren – wie Moses, Salomon und andere Personen des Alten Testaments.
- Chavín de Huántar besteht aus drei übereinanderliegenden Terrassen – wie Salomons Tempel.
- Chavín de Huántars Erbauer verehrten einen fliegenden Gott – wie die Israeliten.

Die letzte Feststellung wird Widerspruch ernten: Die Israeliten hätten nur den einzigen »unaussprechlichen« Gott verehrt. Aber es war der Gott Israels, der in Feuer, Lärm, Beben und Rauch herniederfuhr, wie das Alte Testament eindrucksvoll schildert:

»Der Berg Sinai aber war ganz in Rauch gehüllt, weil der Herr im Feuer auf ihn herabgefahren war. Und der Rauch stieg von ihm auf wie von einem Schmelzofen, und der ganze Berg bebte stark.« (2. Mose 19, 18)

Wie war das mit Lehi im *Buch Mormon?* Der »Herr« stieg in einer Feuersäule herab …

Schließlich gab es da noch das wichtige Gebot, sich von Gott kein Bildnis zu machen. *»Du sollst dir kein Gottesbild machen, keinerlei Abbild …«* (2. Mose 20, 4)

Gemäß diesem Verbot durfte es im Tempel von Jerusalem keine Gottesdarstellungen geben – wie in der Anlage von Chavín de Huántar. Dort tauchen nur schwer verständliche Abstraktionen auf.

Was soll das alles? Welche Motive sollen einen Abkömmling jener »Wächter des Himmels« (Henoch), jener »gefallenen Engel« *(Bibel)* dazu bewegen, eine Menschengruppe vom Vorderen Orient ins ferne Südamerika zu bringen? Weshalb sollen die Nephiten ein Bauwerk »nach der Art des Tempels von Salomon« errichten? Worin liegt der Sinn des Unsinns?

Vor Jahrtausenden landeten außerirdische Ethnologen auf der Erde. Eine Gruppe jener ETs meuterte und trieb Sex mit den hübschen Menschentöchtern. Nachzulesen in der *Bibel,* wo man die Fremden »gefallene Engel« oder »Gottessöhne« nennt (1. Mose 6, 1 ff.). Ausführlich bestätigt im Buch Henoch (Kap. 6, 1–5). Die Meuterer – nicht gerade zartfühlend, was ihre Methoden anbetraf – wünschten bedient zu werden. Sie benötigten Mineralien, Erze, Gold, Nahrung etc. Die ganze Drecks- und Schwerarbeit wurde von unseren Vorfahren geleistet. In ihrer technischen Unwissenheit nahmen die Menschen an, jene ETs seien »Götter«. Den Meuterern standen keine utopischen Waffen zur Verfügung, die lagen alle an Bord des Mutterraumschiffes. Doch jeder der »gefallenen Engel«

verfügte über ein Wissen, das demjenigen der Menschen um Jahrhunderte voraus war. Alle »Engel« wussten beispielsweise, wie man einen steuerbaren Heißluftballon herstellt – beschrieben im *Kebra Negast,* dem Buch der Könige der Äthiopier. [25] Jeder der Meuterer wusste, welche Zutaten für Sprengstoff oder den Bau eines Lasers notwendig waren. Wusste, wie harte Metalllegierungen gemischt werden, wusste selbstverständlich, wie eine primitive Dampfmaschine gebaut wird. Dieses Wissen wurde eingesetzt, um die ungebildeten Menschen zu beeindrucken und gefügig zu machen.

Einer der damaligen Pseudogötter kannte aus seinen Erkundungsflügen einen fernen Kontinent, das spätere Südamerika. Dorthin dirigierte er eine Menschengruppe und verlangte von ihr, dass sie ihre alten Schriften mitnehme. Jene Tafeln, auf denen die Geschichte der Menschen seit der Schöpfung eingraviert war. So und nicht anders überliefert steht es im *Buch Mormon.* Der »gefallene Engel«, von den Irdischen ehrfurchtsvoll »der Herr« genannt, befahl im neuen Land die Errichtung eines Bauwerks ähnlich dem Tempel von Salomon. Die Schwerarbeit wurde durch die Planungen und die technische Überlegenheit »des Herrn« erleichtert. Irgendwo in den Verliesen des neuen Gebäudes wurden Schrifttafeln versteckt – absichtlich, die Menschen der Zukunft sollten darauf stoßen. Und damit die Künftigen die Botschaft ja nicht verpassten, wurde das Bauwerk aus unzerstörbarem Material errichtet und mit »Cherubim« (fliegenden Wesen) verziert. Sodann wurden dem harten Diorit rätselhafte, technische Botschaften anvertraut – in Form der Raimondi-Stele. Dem »Herrn« war die Funktionsweise des menschlichen Gehirns sehr wohl vertraut. Er kannte die Neugierde, die in unseren grauen Zellen für Unruhe sorgt. Jene Bestie Neugierde, die auch über Jahrtausende nicht auszuschalten ist.

Weshalb denn so kompliziert?, fragte ich schon in *Falsch informiert!.* [20] Hätte »der Herr« den Menschen nicht gleich klarmachen können, was ablief? Wie denn? Gespräche über Hightech ließen sich mit unseren steinzeitlichen Vorfahren nicht führen, und dass die alten Überlieferungen im Laufe der

▸ 38

▸ 39

► 40

Jahrtausende verfälscht und religiös interpretiert würden, war dem ET ebenso bewusst. Er wusste aber auch, dass die Menschen der Zukunft über ein rätselhaftes Bauwerk in den hohen Anden stolpern müssten. Und dass die Neugierde keine Ruhe geben würde, bis alle Fragen zufriedenstellend geklärt wären. Die Adressaten für diese Hinterlassenschaften sind wir. Das diktierte »der Herr« sogar seinem Diener Nephi:

»*Wohl dem, der diese Dinge ans Licht bringt … sie werden aus der Dunkelheit ans Licht gebracht werden; ja, sie werden aus der Erde hervorgebracht werden und zur Kenntnis der Völker gelangen … und niemand kann es verhindern …*« (Mor. Kap. 8, 14 ff.)

Das gilt für die Informationen in der Anlage von Chavín de Huántar ebenso wie für die Metallbibliothek in Ecuador [20] oder die Hinterlassenschaften in der Großen Pyramide [26]. Es wird Zeit, die alten Dinge mit modernen Augen anzugehen. Aus dem Unsinn entsteht dann plötzlich Sinn.

In Südamerika existieren noch zwei kuriose Orte, die sich zumindest kulturell mit Chavín de Huántar verknüpfen lassen. Da ist der archäologische Park von San Agustín im Departemento de Huila in Kolumbien. Dort hatte schon 1911 der Heidelberger Professor Karl Theodor Stöpel unterirdische Anlagen betreten, über die heute niemand mehr spricht. [27] Ein Jahr darauf vermaß sein Landsmann Theodor Preuss riesige, steinerne Sarkophage und schüttelte den Kopf, »*… weil ich in ihnen nie die geringste Spur von einem Skelett gefunden habe*« [28]. Das Kopfschütteln hält bis heute an. Wozu dienten unterirdische Räume mit mächtigen Sarkophagen aus Granit – wenn nichts darin war?

Dann gibt es den sogenannten »Wald der Statuen«. Dort sind 39 steinerne Skulpturen unter freiem Himmel zu bestaunen – aber niemand weiß, wen sie darstellen. (Bild 38 bis 40)

Zu denken geben die überdimensionierten Eckzähne – wie in Chavín de Huántar. Schließlich existiert da noch »La Fuente de Lavapatas« = die Quelle der Fußwaschung. Sie stellt ein Labyrinth von Kanälen, Becken, Rinnsalen, Rechtecken und Rondellen auf verschiedenen Ebenen dar. (Bild 41 und 42) In den Fels und an die Beckenränder schmiegen sich Reliefs von Eidechsen, Salamandern und affenähnlichen Tieren. Reiseleiter erklären ihren Touristen, die Darstellung zeige eine Frau während der Geburt. Obschon ich den Wirrwarr aus allen Blickwinkeln beobachtete – eine gebärende Frau erkannte ich nirgendwo. Vielleicht sollten wir das Durcheinander von Becken und Kanälen technisch betrachten. Wie wär's mit einer Anlage zur Reinigung von Metall? Flüssig-heißes Metall strömte von Becken zu Becken, schwerere Bestandteile sanken auf den Grund, leichtere wurden weitertransportiert, unreine

▸ 41

Elemente und Schlacken blieben in den Filtern von Rondellen und Schlangenrinnen hängen. Die Inka und auch die Völker vor ihnen verfügten über unglaubliche Kenntnisse in Bezug auf Metalllegierungen. Ihre Schmelzmethoden, Gießtechniken und Beschichtungsverfahren ergaben Mischungen für Objekte, die aussahen, als bestünden sie aus purem Gold. In Wirklichkeit trugen diese Objekte allerdings nur eine mikrometerdünne Goldschicht. [29] Mein Vorschlag einer Metallverarbeitungsanlage ist genauso vernünftig oder unvernünftig wie die Idee einer »gebärenden Frau«.

Zudem hat die Quelle der Fußwaschung eine Doublette: 2800 Kilometer Luftlinie entfernt im bolivianischen El Fuerte. Dort, bei der Ortschaft Samaipata, liegt eine von Menschenhand zugeschnittene Bergspitze. Oben auf dem künstlich abgeflachten Plateau findet man wieder so ein Durcheinander

► 42

▸ 43

▸ 44

von Rechtecken, Rondellen, Becken und Verbindungslinien. (Bild 43 bis 45) Einen wesentlichen Unterschied zu San Agustín in Kolumbien gibt es allerdings: Die Anlage von El Fuerte liegt auf dem höchsten Punkt des Berges, also gab es keine natürlichen Wasserspielereien, und der Gedanke eines Fruchtbarkeitskultes ist unsinnig.

▸ 45

▸ 46

Und – einzigartig in der Welt – von unten nach oben zur Bergspitze verlaufen zwei parallele, 38 Zentimeter breite und 27 Meter lange, schnurgerade Rinnen. (Bild 46 bis 48) Augenblicklich drängt sich das Bild einer himmelwärts gerichteten Rampe auf. Beidseitig und auch im Zentrum der künstlich geschaffenen Rinnen ziehen sich Zickzacklinien den Berg hinauf, deren Bedeutung unbekannt ist. Am oberen Ende der »Rampe« liegen in den Fels geschnittene Rondelle mit dreieckigen Ausbuchtungen. Man kann sich eine Art von Katapultvorrichtung vorstellen. Folgendes Szenario ist denkbar: Am unteren Ende der Rampe liegt ein verankertes Flugzeugmodell, eine Art Spielflugzeug. Ein Gummiband verläuft vom Flugzeug in der Mitte der Rille bis hinauf zum Rondell. Starke Arme spannen das Gummiband und verankern es mithilfe

▶ 47

► 48

▸ 49

von Balken in den dreieckigen Aussparungen des Rondells. Auf ein Kommando hin zerschlägt ein Priester die Verankerung, und das Modell schnellt himmelwärts. (Bild 49) Mit ähnlichen Vorrichtungen sind heute Flugzeugträger ausgestattet. Ja – und Gummi kannten die südamerikanischen Stämme längst vor den Europäern.

Letzte Frage: Woher sollen »primitive Steinzeitmenschen« Flugzeugmodelle gekannt haben? Mehrere Flugzeugtypen tauchten in Gräbern von reichen Indiofürsten Kolumbiens auf. (Bild 50 bis 53) Insekten können mit den Dingern definitiv nicht gemeint sein – sie sind ausnahmslos vergoldet, demonstrieren das Wertvolle, das Göttliche. Und dass die Modelle tatsächlich fliegen konnten, bestätigten Flugversuche im Gelände. Demonstriert schon 1997 durch die Modellbauer Peter Belting, Dr. Algund Eenboom und Conrad Lübbers. [30] Was will man noch mehr?

► 50

► 51

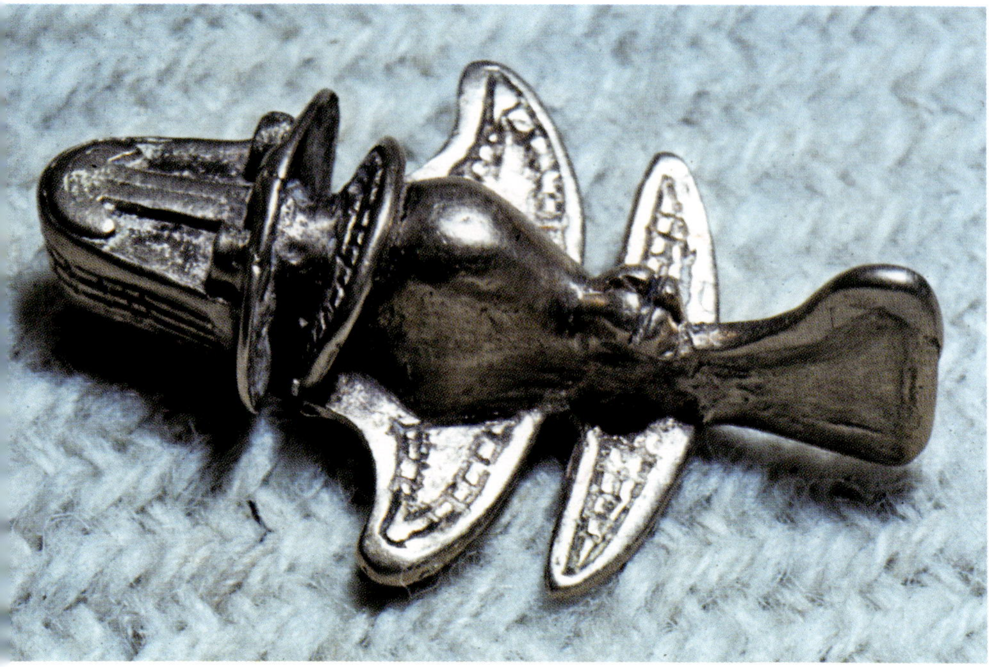

 52

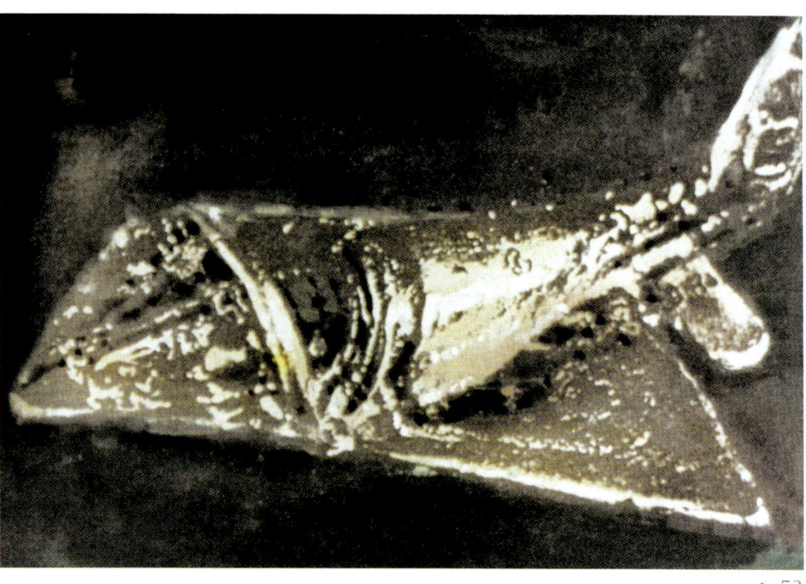

► 53

2. Kapitel

Göttliche Steinmetze

Die ersten Europäer, die im 16. Jahrhundert im Hochland von Peru und Bolivien vor den gewaltigen Überresten rätselhafter Ruinen standen, wollten nicht glauben, dass die gigantischen Blöcke von Menschenhand transportiert und geschnitten worden waren. Dieses Staunen hält bis heute an. Plattformen liegen in der Landschaft herum, errichtet von Menschen, über deren Geschichte und Herkunft wir nichts wissen und über deren Religion gerade mal ein paar Legenden existieren.

Alles begann mit dem Spanier Francisco Pizarro (1476–1541). Mit lächerlichen 250 Mann gelang es ihm, die Inka-Hauptstadt Cuzco in Peru zu erobern. Wie war das gegen ein gut ausgerüstetes Heer der Indios möglich? Pizarro war ein besonderes Schurkenstück gelungen: Er hatte den obersten Herrscher der Inka, Atahualpa, gefangen genommen und präsentierte ihn als Geisel. Die kampferprobten und den Spaniern auch zahlenmäßig weit überlegenen Inka wirkten wie gelähmt. Pizarro, rücksichtslos in seinem Vorgehen, ließ Cuzco plündern. Tempel wurden niedergerissen, Gold- und Silberschätze eingeschmolzen und unermessliche Kulturgüter vernichtet. Geschehen im Jahre 1533 im Zeichen des Kreuzes.

Cuzco liegt 3416 Meter über dem Meer in den peruanischen Anden. Der Sage nach sollen in grauer Vorzeit die »Tampus«, die ersten Menschen auf der Erde, das Hochland bewohnt haben. Doch dann stieg ein Sohn des Sonnengottes, Manco Cápac genannt, gemeinsam mit seiner Schwester Mama Ocllo auf unseren Planeten hernieder. Sie erreichten die Erde auf der Sonneninsel im Titicacasee. Ihr Vater Inti übergab den Geschwistern einen glänzenden Stab und beauftragte sie, die Menschen zu unterweisen. Dort, wo der Stab im Boden versinke, sollte Manco Cápac eine Siedlung gründen. So geschah es: An einem Landschaftspunkt vereinigten sich zwei Flüsse, hier versank der seltsame Stab im Boden. Dies war die Geschichte der Gründung Cuzcos durch das übermenschliche Geschwisterpaar Manco Cápac und Mama Ocllo. [31, 32] Übrigens: Das Wort »Cuzco« stammt aus dem Quechua-Indianischen und bedeutet »Nabel der Welt«.

Francisco Pizarro hatte keine Ahnung von der Vergangenheit Cuzcos, er wusste nicht, dass die Stadt von einem Sohn des Sonnengottes gegründet worden war. Er respektierte weder Priester noch Tempel, noch hörte er ihre Klagen und ihr Wehgeschrei, als er das Sonnenheiligtum Coricancha stürmen ließ. Den Göttern gewidmete Altäre wurden brutal zerstört, mehrfarbig bemalte Decken heruntergerissen, Prunkstücke aus Gold und Silber eingeschmolzen. Doch etwas blieb: die unglaublich sauber ineinandergefügten Steine. So kam es, dass die Dominikanermönche auf den alten Fundamenten des Inka-Sonnenheiligtums ihr Kloster Santo Domingo errichteten. Spanische Chronisten berichteten, im Sonnentempel Coricancha hätten die konservierten Mumien der Inka-Herrscher auf goldenen Thronen gesessen, alle Räume seien mit Silber und Gold tapeziert gewesen, und im Sternentempel hätten eine mächtige, goldene Sonnenscheibe und viele Gestirne von der Decke gestrahlt. Heute noch versetzen die Inka-Bauwerke Touristen in Erstaunen. Die sechs Meter breite, gekrümmte Mauer am Westende des Klosters überstand sogar das Erdbeben von 1950. (Bild 54) Damals stürzten viele moderne Gebäude Cuzcos zusammen, doch der größte Teil der uralten Inka-Mauern blieb intakt. Im Boden der Kirche Santo Domingo taten sich Risse auf und geschliffene Blöcke kamen zum Vorschein. Direkt unter dem heutigen Hauptaltar der Kirche liegt

▸ 54

▶ 55

ein kleines Loch, der Eingang in die unterirdische Welt der »Chinkanas«. Hinter dem Wort »Chinkanas« verbirgt sich ein Labyrinth aus kunstvoll aus dem Felsen herausgehauenen Stollen und Tunneln, die sich kreuzen, winden, biegen, über- und untereinander in alle Richtungen verlaufen. Nur wenige Kenner trauen sich in die unterirdischen Gewölbe. Selbst der Chronist Garcilaso de la Vega wagte sich nur so weit hinein, wie das Tageslicht reichte. Mit welchen Werkzeugen die Inka arbeiteten, lässt sich an einem unverständlichen Meisterwerk der Steinmetzkunst demonstrieren. (Bild 55 und 56) Die präzise Arbeit ist eine Augenweide – nur versteht niemand den Zweck des Werkstücks. Mich erinnert der Block spontan an die Tür eines modernen Panzerschranks.

▸ 56

Eine Goldplatte, graviert anno 1613 von einem direkten Nachfahren der Inka, soll das kosmologische Verständnis des Sonnengottes Inti und seiner Kinder in Bezug auf die Erde darstellen. Neben der Sonne, Sternengruppen, einem Sternenkreuz und vermuteten Planeten sind zwei menschliche Gestalten eingraviert. Manco Cápac und Mama Ocllo? (Bild 57)

Gerade einmal 75 Kilometer nordwestlich von Cuzco liegt die weltberühmte, inzwischen von Touristen überschwemmte Ruinenstadt Machu Picchu. Eine befahrbare Straßenverbindung zwischen den beiden Orten ist im Bau – zudem gibt es den »Inka-Trail«, den alten Inka-Weg, den heute Rucksacktouristen zwischen Cuzco und Machu Picchu unter die Füße nehmen. Und neuerdings eine phänomenale Eisenbahn. Noch vor 30 Jahren wurde die Strecke von einem Lotterzug befahren, bei dem man nie wusste, wann die rüttelnden Waggons aus den Gleisen sprangen, und in dem sich auch mal Schweine und Truthähne zwischen den Passagieren tummelten. Heute wird die Distanz Cuzco – Aguas Calientes, dem Bahnhof von Machu Picchu, von einem Luxuszug bedient. Jeder Waggon stellt einen Speisewagen plus Bar mit Live-Musik dar. »Hiram Bingham« prangt in Goldschrift auf den Waggons, die nach dem angeblichen Entdecker von Machu Picchu benannt sind. (Bild 58 und 59) Betrieben wird die Strecke von der *Orient-Express Hotels & Train Cruises,* gerade so, als seien die Reisenden zwischen Paris und Istanbul unterwegs. Modernisierung hin oder her, für die 75 Kilometer von Cuzco nach Aguas Calientes, dem Dorf am Fuße von Macchu Picchu, benötigt die Bahn immer noch vier Stunden. Die allerdings verrauschen bei den

▸ 57

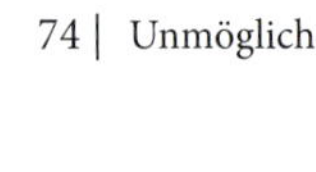

▶ 58

▶ 59

▸ 60

Leckerbissen im Speisewagen und der atemberaubenden Aussicht auf das Tal des Urubamba durchaus vergnüglich. (Bild 60) Dann liegen, 60 Kilometer von Cuzco entfernt und auf 2792 Metern Höhe, die immer noch unverstandenen Ruinen von Ollantaytambo vor dem Betrachter. Der dortige Sonnentempel soll in unbekannten Zeiten vom Schöpfergott Viracocha persönlich erbaut worden sein. [33] Der muss den Eingeborenen wohl besonders pfiffige Arbeitsmethoden beigebracht haben. Die »Mauer der sechs Monolithen« (Bild 61 und 62) bezeugt es.

▸ 61

► 62

► 63

Aguas Calientes, der Zielbahnhof von Machu Picchu, liegt in einer Windung des Urubamba. (Bild 63) Von dort aus führt eine ungepflasterte Zickzackstraße, spöttisch *»Hiram Bingham Highway«* tituliert, die steile Strecke hinauf nach Machu Picchu. (Bild 64) Der Ort ist ein Götterheiligtum ganz besonderer Art. Als Entdecker wird den Touristen der amerikanische Forscher Hiram Bingham (1875–1956) genannt, der die Dschungelstadt im Jahre 1911 betrat. Leider stimmt schon diese Geschichte nicht. Der ehrenwerte Hiram Bingham hat die Urwaldstadt keineswegs entdeckt – die Einheimischen kannten sie längst –, sondern sie lediglich für die Öffentlichkeit als Erster beschrieben. Bereits 1865 hatte der Italiener Antonio Raimondi eine Landkarte veröffentlicht, in der Machu

► 64

Picchu sogar namentlich gekennzeichnet war. Und auch der deutsche Landvermesser Herman Göhring zeichnete 1874 eine Karte der Gegend, in der Machu Picchu am korrekten Ort eingetragen war.

1894 streifte Don Luis Bejar durch die Ruinen. Auch er gilt nicht als Entdecker, denn ein junger Mann namens Augustin Lizarraga hatte ihm den Ort gezeigt. Derselbe Augustin Lizarraga führte 17 Jahre später auch den Amerikaner Hiram Bingham nach Machu Picchu. Am Rande: Luis Bejar und Augustin Lizarraga entdeckten seitlich des Urubamba-Flussbettes einen alten Tempel, dessen genaue Lage sie wegen der darin liegenden Schätze verheimlichten. Erst 1930 wurde der Eingang von Oswaldo Paez Patino, einem Ingenieur der Bahnstrecke,

▸ 65

wiederentdeckt. Gemeinsam mit Oswald Patino wagte sich der damalige peruanische Abgeordnete Jose Pancorbo in die unterirdischen Galerien und gab Anweisung, den Zugang unkenntlich zu machen.

Machu Picchu ist unbeschreiblich. (Bild 65) Der französische Soziologe und Philosoph Roger Caillois (1913–1978), Mitglied der Académie Francaise, nannte Machu Picchu »eine Hymne aus Stein von verschwenderischer, ja schockierender Pracht« [34]. Es ist die halsbrecherischte aller Stadtburgen, der Panzerschrank der Inka. Niemand kennt die wahren Ursprünge von Machu Picchu. Heute wird angenommen, ein Inka-Herrscher habe den versteckten Ort als seine Ruheresidenz errichten lassen. Doch die verlorene Stadt der Inka existierte längst, als die spanischen Eroberer anrückten. Die haben Machu Picchu im Übrigen nie zu Gesicht bekommen.

»Picchu« bedeutet so viel wie »Gipfel«, und »Machu« heißt wörtlich übersetzt »alt«. Machu Picchu ist also ein »alter Gipfel«. Ihm gleich gegenüber erhebt sich der zweite Gipfel, der Huayna Picchu. Machu und Huayna stechen wie zwei abgewaschene Zuckerhüte aus dem feuchtnebligen Urubamba-Tal heraus. In der Tiefe verläuft der Silberstreif des Flusses, dessen Grollen noch nach Machu Picchu hinauftönt. Die ersten Bauleute, die an diesem gefährlichen Steilhang Terrassen schufen, können keine fellbehangenen Steinzeitmenschen gewesen sein, wie wir sie uns vorstellen. Weshalb nicht? Wie in jedem Urwald regnet es auch in Machu Picchu tagelang. Dann bilden sich kleine Rinnsale, die sich zu größeren Bächen vereinigen, zu Tal stürzen und dabei alles mitreißen, was ihnen im Wege steht. Schon nach dem zweiten Sommer wären die Terrassen weggespült worden. Einige von ihnen kleben buchstäblich an steil abfallenden Felshängen. (Bild 66 und 67) Die unbekannten Bauingenieure wussten den Absturz zu verhindern, indem

► 66

sie die Terrassen nicht einfach abtrugen, sondern jede auf ihrer ganzen Länge mit einer Schicht von zerkleinerten, wasserdurchlässigen Steinen unterlegten. Dazwischen installierten sie Abwasserleitungen, die die Fluten kanalisierten und schließlich in den Urubamba stürzen ließen. Anschließend wurden einige größere Flächen auf dem Felsen planiert. Darauf stehen 290 Bauwerke. Dieses einzigartige Wunder der Ingenieurskunst ist zudem derart raffiniert angelegt, dass es von unten, vom Urubambatal her, neugierigen Blicken verborgen bleibt.

Aus den Chroniken der spanischen Eroberer ist bekannt, dass der Soldat Miguel Rufino ein Indiomädchen vor der Vergewaltigung rettete, indem er einen eigenen Kameraden mit

▸ 67

dem Schwert erschlug. [35] Daraufhin versteckte er sich mit der Inka-Schönheit, die ihn schließlich nach tagelangen Märschen über verschlungene Pfade in eine heilige Stadt brachte. Miguel Rufino beschrieb später den Ort mit dem darunterliegenden, sich windenden Fluss und den beiden Berggipfeln derart eingehend, dass kein Zweifel besteht: Er war in Machu Picchu. Der Held und seine Geliebte mussten schwören, den Gesetzen des Inti zu gehorchen und keinem Fremden etwas von diesem Ort zu verraten. Sie durften sich über ein volles Jahr in einem verfallenen Palast häuslich einnisten.

Demnach waren die meisten Gebäude schon zu Zeiten der Spanier unbenutzt. Machu Picchu wurde nicht, wie oft zu hören ist, erst während der spanischen Eroberungen als eine Art

► 68

► 69

▸ 70

Fluchtfestung errichtet. Auch dem oberflächlichsten, von seinem Reiseleiter gehetzten Touristen fallen in Machu Picchu drei unterschiedliche Baustile auf.

Da sind zunächst die Mäuerchen und kleineren Ackerbauterrassen, wie sie noch heute von den Hochland-Indios angelegt werden. Dann gibt es die klassischen Inka-Mauern mit ihren an den Kanten abgerundeten Quadern und Rechtecken. (Bild 68 bis 70) Darüber liegen oft Querbalken mit Aufschüttmaterial, das allerdings von den heutigen Restaurateuren stammt. Und überall finden sich die typischen trapezförmigen Öffnungen. (Bild 71) Schließlich die riesigen, oft hundert Tonnen schweren Megalithen, auf denen alles andere ruht. (Bild 72 bis 78) Machu Picchu kann niemals während einer Generation entstanden sein. Der Untergrund ist megalithisch und existierte längst, als irgendein Inka-Herrscher seine Mauern hochziehen ließ. Quer durch den Steilhang läuft eine Granitader. Vereinzelte Bauwerke sind regelrecht darum herum

► 71

► 72

► 73

► 74

▸ 75

▸ 76

▸ 77

▸ 78

gezirkelt worden, etwa der sogenannte »Wachtturm« mit der megalithischen Struktur im Boden. (Bild 79) Bis heute weiß niemand, wozu das granitene Gebilde eigentlich diente.

Der Stilbruch zwischen Megalithbaukunst und Inka-Werk tritt deutlich zutage. Da gibt es den Bau, der heute »königliches Mausoleum« genannt wird. Er ist aus dem natürlichen Granit herausgeschnitten, und selbst die sieben Stufen, die zum Mausoleum hinunterführen, stammen entgegen jeder Inka-Manier aus einem Felsstück. (Bild 80)

► 79

▸ 80

▶ 81

Als Krönung der frühen Bauaktivitäten steht der »Intihuatana«, der »Sonnenstein«, an der höchsten Stelle von Machu Picchu. Zuerst musste für ihn eine große Fläche des natürlichen Felsens planiert, plattgeschliffen werden. Mitten darin ein Block, in mehreren Abstufungen aus dem Felsstück gehauen. (Bild 81 bis 83) Die verschiedenen Abstufungen enden in einem eigenwilligen, rechtwinkligen Sporn, der als stummer Zeuge seinen abgeflachten Finger zum Himmel reckt. Die vier Seiten sind nach den vier Berggipfeln ringsum ausgerichtet, und eine Diagonale weist zu Frühjahrsbeginn präzise auf ein kleines, steinernes Fenster am oberen Rande einer gegenüberliegenden Kuppe. Exakt dort soll am 21. März die Sonne aufgehen. Das Wort »Intihuatana« bedeutet denn auch sinngemäß: Punkt, der die Sonne festhält.

► 82

► 83

Fest steht eigentlich nur, dass wir alle, die Wissenschaftler und ich, von Annahmen ausgehen. Ich habe Mühe mir vorzustellen, ein Inka-Stamm habe aus einer Laune des Herrschers heraus Machu Picchu an die steilen Berghänge geklebt. Wo bleibt die Evolution der Technologie? Keine technische Erkenntnis ist einfach da. Alles muss mühsam entwickelt werden. Man bedenke: Bevor auch nur die erste Terrasse aus dem Fels gekratzt wurde, kannten die Ingenieure die Methode, wie das Wasserproblem zu steuern sei. Sie verstanden es, Granit so zu schneiden, dass glatte Flächen entstanden, und tonnenschwere Blöcke am Steilhang zu transportieren. Der spanische

Chronist Cristóbal de Molina überlieferte, Göttersöhne hätten die Menschheit im Steineschneiden und in der Astronomie unterwiesen. [32] Später allerdings seien die Götter mitsamt ihren Vätern, ob sie nun Inti oder Viracocha hießen, von den Menschen enttäuscht gewesen. Weshalb? Weil die Menschen Götterfigürchen anbeteten. Die Querverbindung zum wütenden Gott bei Moses (und anderen!) ist unverkennbar. Die Götter zogen sich zurück, und seitdem beobachteten die Inka angstvoll das Firmament. Jede Veränderung, jede Bewegung am Horizont wurde rund um die Uhr registriert. Man erwartete die Rückkehr der Himmlischen. Es ist die gleiche Wiederkunftshoffnung – je nachdem auch Wiederkunftsangst –, die bis auf den heutigen Tag in allen Religionen lebendig geblieben ist.

Die Tatsache der Megalithbauweise von Machu Picchu ist genauso offensichtlich wie in Cuzco. Dort liegt nur wenige Meter von der touristischen Sensation, der Inka-Mauer Sacsayhuamán, entfernt an der Straße Richtung Pisac der »Kenko Grande«. Ein unverständliches, steinernes Gebilde, das dem Schöpfergott Viracocha zugeschrieben wird. »Kenko« bedeutet »voller Windungen«, und genauso bietet sich das megalithische Ungetüm dar. Über drei Meter hohe, leicht nach vorn geneigte Felswände sind glatt poliert. (Bild 84 bis 86) Über diesen Wänden befinden sich aus dem Fels geschnittene

► 84

► 85

► 86

► 87

► 88

 89

▶ 90

► 91

Stufen, Nischen, Winkel, Rondelle, für die niemand eine Erklärung hat. (Bild 87 bis 90) Dazwischen Felsspalten mit herausgeschnittenen Wänden, Börtchen und Abstufungen. (Bild 91 und 92) Der Kenko Grande muss in seiner ursprünglichen Form etwas ganz anderes gewesen sein als das, war er heute präsentiert.

Diese Aussage lässt sich eindeutig beweisen. Ich rate jedem Touristen, der Inka-Mauer Sacsayhuamán den Rücken zu kehren und im Gelände dahinter herumzustochern. Da wimmelt es von zerklüfteten, aber eindeutig bearbeiteten Felsen, die man nicht mehr als »Ruinen« bezeichnen kann. Über Schrunden und Felsgrotten liegen abrupt herausgeschnittene Gesteinsungetüme. Staunend steht man vor geschliffenen und polierten Wänden, die in ihrer gegenwärtigen Position nicht

▸ 92

▸ 93

den geringsten Sinn ergeben. (Bild 93) Wie von einer Urkraft geschüttelt sind Grotten und polierte Tunneleingänge in ihrem ehemals geraden Verlauf unterbrochen, zerstört, ineinandergeschoben. (Bild 94) Auch der verzweifelte Gedanke, das Ganze sei einst ein Steinbruch gewesen, ergibt keinen Sinn. Denn oft liegen die abgeschnittenen Wände nur wenige Zentimeter vom nächsten Block entfernt. Wegen der kurzen Distanz von einem Brocken zum andern hätte der Steinmetz nicht einmal Platz gehabt, mit seinem Werkzeug den Arm

▸ 94

▸ 95

auszuschwingen. (Bild 95) Nichts ist hier zusammengesetzt, nichts mit einem Bindemittel aneinandergefügt. Die Kanten verlaufen messerscharf und rechtwinklig. Hinter jeder Krümmung warten neue Ungereimtheiten.

Da liegen megalithische Rätsel, die in kein gängiges Schema passen. Keine Mauern, keine Felsvorsprünge, die in irgendei-

▸ 96

ner Ordnung einen Sinn erfüllen würden. Flächen so glatt wie Beton, an dem vor einem Monat die Holzverschalung entfernt wurde, enden im Naturfels. (Bild 96)

Andere Passagen an verkehrten, der Decke entlanglaufenden Stufen. Doch diese Treppen sind gar nicht begehbar – kein Mensch kann auf dem Kopf laufen, an der Decke kleben. (Bild 97 und 98)

Weil um diese unverständlichen Felsmassen herum stets wieder kleine Inka-Mäuerchen auftauchen, erklärten die

► 97

► 98

▶ 99

Archäologen die Orgie in Fels zum Inka-Kultplatz. So wurden aus Plattformen »Opfertische«, aus herausgeschnittenen Partien »Inka-Throne«, aus jeder Nische ein Objekt für den »Totenkult«. Es ist keine Schande zuzugeben, dass man etwas nicht weiß. Über die hier beschriebenen Felsverarbeitungen weiß man nichts. Die Gesamtanlage ist mit einer uns nicht bekannten Methode zu einer uns nicht bekannten Zeit von uns nicht bekannten Wesen erbaut worden. Für diese Meinung sprechen auch die Gletscherabschliffe. (Bild 99) Üblicherweise rutschen die Gletscher an einem Berghang in dieselbe Richtung: zu Tal. Das tun sie aber oberhalb Cuzco nicht. Sie verlaufen in verschiedene Richtungen, und oft finden sich Überreste von Gesteinsverarbeitungen auch unter den Gletscherabschliffen. Was war zuerst da? Der Gletscher oder das Mäuerchen?

Oberhalb der dreistöckigen Inka-Festung Sacsayhuamán liegt »Muyuc Marca«, ein Gebilde aus mehreren Steinkreisen, das den heutigen Touristen als »Kalender der Inka« verkauft wird. Tatsächlich bietet Muyuc Marca einen interessanten Anblick, sofern man die Anlage aus einer erhöhten Position betrachtet. Die Kreise sind durch »Speichen« unterteilt. Heute noch sichtbar sind aus dem Andesit herausgehauene monoli-

► 100

thische Blöcke, die die gesamte Anlage rundum in kleinere Kammern unterteilen. (Bild 100) All dies erinnert einen Globetrotter wie mich spontan an China. Was soll China mit Südamerika zu tun haben?

Die Inka-Herrscher betrachteten sich als »Söhne der Sonne«, als Abkömmlinge des Himmels – genau wie die chinesischen Kaiser. Die chinesischen und tibetanischen Urkönige stiegen einst mit fliegenden Drachen vom Himmel hernieder. [36] Die »Söhne der Sonne« in Peru taten das mit Sonnenbarken. Alle Nachfahren der himmlischen Söhne, ob in China oder in den Anden, sahen sich selbst als göttliche Wesen. Genauso in Ägypten, Japan, Abessinien, Zentralamerika etc. In China betrachteten sich die Herrscher auch nach Jahrhunderten seit der himmlischen Niederkunft unbekümmert weiter als Vertreter der höchsten Zivilisation, weil sie ihre Lehren, ihre Technologien und ihre astronomischen Kenntnisse ursprünglich direkt von ihren himmlischen Vätern empfangen haben wollen. Im elften Jahrhundert vor Christus wurde der letzte Herrscher der Shang-Dynastie von den Zhou besiegt, und eigentlich sollte man denken, damit höre der Kult um »die Himmlischen« in China auf. Falsch. Jetzt begann er erst recht. Die Zhou-Herrscher lebten nach den Regeln des »Tianming«, des Mandates des Himmels. Der Himmel, chinesisch »Tian«, war fest in allen Köpfen verankert. Ob Kaiser, Priester oder Volk. Jeder Herrscher wurde »Tianzi«, Sohn des Himmels, genannt. Regenten, die nicht im Sinne des Tianming lebten und regierten, konnten keine echten Himmelssöhne sein und wurden abgesetzt oder getötet.

Wen wundert's, dass alle chinesischen Kaiser seit Urbeginn auf einem »Altar des Himmels« bestimmte Zeremonien durchzuführen und mit ihren himmlischen Verwandten zu sprechen hatten? Genau wie die südamerikanischen Söhne der Sonne. In China kennt man heute noch zwei Plätze, die »Altäre des Himmels« genannt wurden. Das sind runde Gebilde, unterteilt durch Quermauern in verschiedene Kammern. Der Altar des Himmels in der chinesischen Stadt Xian könnte genauso über der Inka-Festung Sacsayhuamán in Peru stehen. (Bild 101) Die Bilder gleichen sich – die Überlieferungen ebenso.

► 101

▸ 102

Unbestritten strotzte die Inka-Festung Sacsayhuamán oberhalb von Cuzco einst von Waffen. (Bild 102) Doch was wurde eigentlich verteidigt? Die Stadt Cuzco mit Sicherheit nicht. Die liegt weit unterhalb der dreistöckigen Inka-Mauer und ist zudem von allen Seiten her offen und angreifbar. Am Standort der Inka-Festung gab es überhaupt nichts zu verteidigen. Sie liegt auch an keinem strategischen Punkt. Es sei denn, es ging um das wichtigste aller Heiligtümer: den Altar des Himmels.

3. Kapitel

Sagenhafte Zeiten

Im Februar 1968 erschien mein Buch *Erinnerungen an die Zukunft.* Seither wurde das Denken von Millionen von Menschen in Bezug auf die Vorgeschichte unserer Zivilisation um eine weitere Variante bereichert. Rund 200 Buchtitel existieren auf dem weltweiten Markt, die sich ausnahmslos mit einer Frage befassen: Erhielten unsere Vorfahren Besuch aus dem Weltall? 90 Prozent aller Autoren – ob Wissenschaftler oder Forscher ohne akademischen Titel – kommen einhellig zum selben Resultat: Ja, unsere gute alte Erde ist von ETs besucht worden. Nur die sogenannte »offizielle Wissenschaft« – was immer das sein soll – will nichts von einem außerirdischen Besuch wissen. Und bei jedem Gespräch mit ihren liebenswerten Scheuklappenträgern mache ich eine enttäuschende Feststellung. Sie wissen nichts – viele haben keine Ahnung von der Tiefe und der Menge an Indizien und Beweisen. Es interessiert sie nicht. Ihre Welt ist in Ordnung und in dieser Ordnung sind Außerirdische überflüssig.

Die gegenwärtige Auflage meiner Bücher in 32 Sprachen liegt bei 65 Millionen verkaufter Exemplare (Stand Herbst 2013). Seit anderthalb Jahren sendet der US-amerikanische *History Channel* die 60-teilige TV-Serie *Ancient Aliens.* Sie läuft inzwischen weltweit und ist die erfolgreichste vom *History Channel* je produzierte TV-Reihe. 15 weitere Folgen sind in Produktion. Dabei geht es um dieselbe Frage: Erhielten unsere Vorfahren Besuch aus dem Weltall? Und was – bitte! – hat das alles mit dem Thema meiner Bücher zu tun?

Das Echo. Ich erhalte Post aus aller Welt, treffe mich irgendwo auf dem Erdenrund mit wunderbaren Menschen, die mir ihre Entdeckungen anvertrauen. Sehr oft sind darunter »offizielle« Wissenschaftler, also Lehrstuhlinhaber an staatlich anerkannten Hochschulen. Einige unter ihnen bitten mich inständig, ihren Namen nie zu veröffentlichen. Dasselbe Phänomen erlebe ich bei den Briefen. Da landen hochinteressante und sauber dokumentierte Abhandlungen auf meinem Schreibtisch mit der ausdrücklichen Bitte, wenn irgendwie möglich das Thema zur Sprache zu bringen – ohne Nennung des Forschers, der dahintersteht. Wovor fürchten sich diese sensiblen Menschen?

Vor dem Verlust ihrer Glaubwürdigkeit. Vor dem Spott ihrer Kollegen. Unsere freien Medien – und erst recht die unfreien, politisch oder religiös gesteuerten – können sehr widerlich sein. Andersdenkende werden diffamiert. (Vom Unsinn im »Netz«, dem World Wide Web, gar nicht zu reden.) Ich respektiere die Anonymität von Forschern, die ihren Ruf nicht riskieren, nicht im Regen der Lächerlichkeit stehen wollen. Nicht jeder hat dasselbe dicke Fell wie ich. Wie Shakespeare klug festhielt, gibt es mehr Dinge zwischen Himmel und Erde, als unsere Schulweisheit sich träumen lässt. Die »offizielle Welt« will nichts davon wissen. Und einige dieser »Dinge zwischen Himmel und Erde« haben mit Außerirdischen zu tun. Mit Technologien, die irgendwo dort draußen herumschwirren und manchmal auf der Erde auftauchen. Mit vergangenen Kulturen, die definitiv existierten, aber keinen Einzug ins wissenschaftliche Denken finden. Dafür aber in dieses Buch.

Hat Atlantis je existiert? Selbstverständlich! Die Atlantis-Literatur umfasst inzwischen rund 20 000 Bände, und die überragende Mehrheit der Atlantis-Forscher sagt JA zu Atlantis. Die versunkene Insel, erstmals beschrieben bei Platon [37], ist hinsichtlich aller Facetten durchleuchtet worden [38, 39, 40, 41]. Gab es – lange vor Atlantis – Kontinente mit Kulturen wie Mu, Lemuria, Kásskara? Offensichtlich JA, auch wenn es nicht ins Denkschema der seligmachenden Evolution passt. Wissenschaftler wie Heinrich Kruparz – von Haus aus Geologe – dokumentieren es blitzsauber [42, 43], und die Überlieferungen der Hopi-Indianer in Arizona bestätigen die ehemalige

Existenz von Kásskara, eines versunkenen Kontinents im Raume des heutigen Pazifischen Ozeans. [44] Zudem werden immer mehr Entdeckungen unter Wasser gemacht und selbst dem Ignorantesten aller Ignoranten, dem Blindesten unter den Skeptikern bleibt keine andere Wahl, als zuzugeben, dass da etwas mit unserer Geschichte nicht stimmt, wenn er denn hinschaut: Da liegen technische Strukturen, von Menschenhand geschaffene Bauwerke unter Wasser. Etwa ein Unterwasserhafen bei Lixus (Marokko). [45] Geleise unter Wasser bei Cádiz, auf Malta (Bild 103 und 104), Steinkreise auf dem Meeresgrund vor dem Inselchen Er Lanic (Bretagne, Frankreich).

▸ 103

► 104

Unterwasserbauwerke bei Nan Madol (Bild 105 und 106) [46] (Pazifik) und in Yonaguni (Japan). (Bild 107 und 108) Neuerdings entdecken emsige *Google-Earth*-Forscher immer mehr schnurgerade Linien unter Wasser. Beispielsweise im Pazifischen Ozean in der Verlängerung des peruanischen Städtchens Nazca. Es kommen neue Erkenntnisse auf uns zu. Wegschauen und nicht wissen wollen nützt nichts. Die Strukturen unter Wasser sind da und waren schon da, bevor der Meeresspiegel stieg. Ob Mittelmeer, Atlantik oder Pazifik. [47] Und Klimawechsel erlebte die Menschheit alle paar Jahrzehntausende, auch wenn Kohlendioxid (CO_2) gar nichts damit zu tun hat. Schließlich existierten damals weder sieben Milliarden Menschen noch gab's stinkende Schornsteine oder Autoabgase. Aber trotzdem einen Klimawechsel. Was für Ungereimtheiten plagen uns noch?

21. Juni 1999. Ein Bauer des Dorfes Tschandar zeigt Prof. Alexander Tschuwyrow eine Steintafel mit seltsamen Einritzungen. Tschuwyrow, Professor für Mathematik und Physik an der Staatlichen Universität von Ufa, Russland, hatte gezielt nach derartigen Tafeln gesucht, denn lokale Überlieferungen sprachen von kuriosen Steinen, die seit Jahrhunderten in der Gegend des Dorfes herumliegen sollten. Jetzt stand der Gelehrte vor einem solchen Stein, und weil am Tag davor seine Enkeltochter Daschka das Licht der Welt erblickte, nannte er den Fund »Daschkas Stein«. Das Fragment ist 1,48 Meter lang, 1,06 Meter breit, 16 Zentimeter dick und wiegt rund eine Tonne. Wie Grazyna Fosar und Franz Bludorf schreiben [48], wurde »Daschkas Stein« von Wissenschaftlern verschiedener Fachrichtungen untersucht – und die standen alle vor einem Rätsel. Die Steinplatte besteht nämlich aus drei übereinanderliegenden Schichten: Auf 14 Zentimeter Dolomit folgen zwei Zentimeter Diopsid-Glas und zwei Millimeter Kalzium-Por-

▸ 105

zellan. Dabei müssen die oberen zwei Schichten künstlich aufgetragen worden sein – die Natur produziert derartige Mischungen nicht. Eingraviert bis in die Schicht des Diopsid-Glases sind Zeichen, die bis heute nicht übersetzt werden konnten und eine Art von dreidimensionaler Landkarte darstellen. Während einer Online-Konferenz, die am 6. Juni 2002 stattfand, meinte Prof. Tschuwyrow, »Daschkas Stein« sei nur der Bruchteil einer größeren Platte, deren andere Teile noch zu finden seien. Grazyna Fosar und Franz Bludorf berichten, die Schicht aus Diopsid-Glas sei mit einer uns heute unbekannten Technik aufgetragen worden. [48] »In dieser Glasschicht ist das eigentliche Relief herausgearbeitet. Darüber liegt dann noch eine knapp zwei Millimeter starke weiße Schicht aus Kalzium-Porzellan, die offenbar die empfindliche Oberfläche stoß- und schlagfest machen sollte.« Wie alt ist dieses unpassende Werkstück? Vermutlich zig Millionen Jahre. Es passt in die Evolution wie eine Schwarzwälder Torte in einen Marskrater.

► 106

► 107

► 108

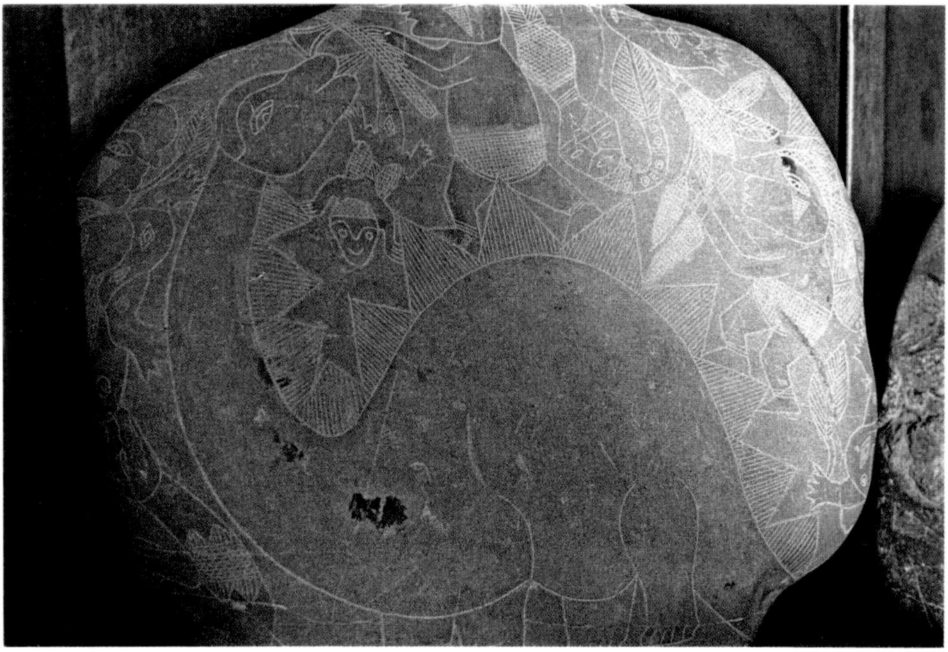

► 109

► 110

Über gravierte Steine anderer Art habe ich früher geschrieben. [49] Die liegen im Haus der Familie Cabrera in Ica/Peru und sind genauso Jahrhunderttausende alt wie »Daschkas Stein«. Das einzig Ärgerliche an »Cabreras Steinen« aus Peru sind die Schlaumeier, die in Büchern und TV-Sendungen immer wieder auf einen Fälscher namens Basilo Uschuya hinweisen und dann so tun, als ob sie diesen Fälscher dank ihrer gründlichen Recherchen gefunden und Däniken entlarvt hätten. Die Erkenntnis, dass Herr Uschuya tatsächlich Gravuren in Steine ritzt, verdanken die pseudowissenschaftlichen Enthüller, die Scheinheiligen vor der Kamera, mir. Ich habe als Erster darüber berichtet. [50, S. 412 ff.] Nur ändern die Fälschungen nichts an den Steinen mit den echten, uralten Gravuren. Dazu gibt es mehrere geologische Gutachten. [49] Es existieren Cabrera-Steine mit Flugobjekten am Firmament – diese Steine mit jahrtausendealten Gravuren liegen im kleinen, öffentlich nicht zugänglichen Museum der peruanischen Luftwaffe in Lima *(Lima Air-Base)*. Ich habe sie vor Jahrzehnten gesehen, durfte sie aber nicht fotografieren. Andere Gravuren zeigen Menschen mit saurierähnlichen Wesen. (Bild 109 bis 111) Wiederetwas Unmögliches, denn Mensch und Saurier sollen sich nie begegnet sein. Die Schlaumeier der »Vernunfts-

▸ 111

fraktion« wissen nichts von den vorgeschichtlichen, beschrifteten Steinen von Glozel (Frankreich), den Mensch-Saurier-Figürchen von Acambaro (Mexiko), den Mensch-Saurier-Darstellungen und den unbekannten Schriften in der Crespi-Sammlung (Cuenca, Ecuador), nichts von den Mensch-Saurier-Fußspuren in derselben geologischen Schicht im Paluxy River bei Glen Rose in Texas, USA. (Bild 112 und 113) Dort, in Texas, haben sich Paläontologen die Zähne ausgebissen und oft die Seiten gewechselt. [51] Die gutgläubigen Evolutionsträumer vergeuden keine Zeit mit dem Lesen von Büchern von Michael Cremo und Richard Thompson. [52] Dementsprechend können sie nichts wissen von den Jahrmillionen alten Metallkugeln, die in Bergwerken im westlichen Transvaal nahe der Stadt Ottosdal (Südafrika) gefunden wur-

▸ 112

▸ 113

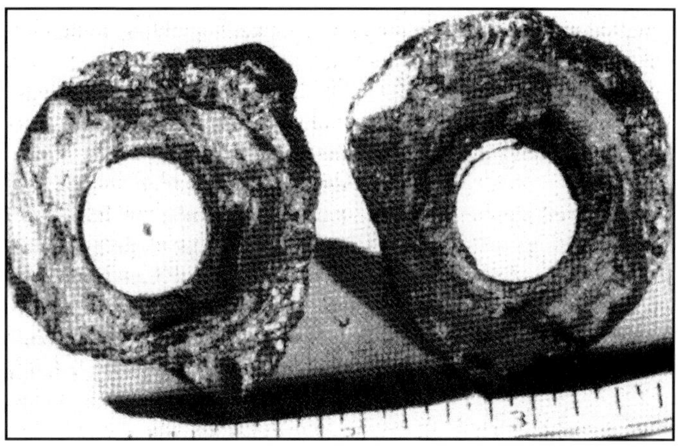

▶ 114

den. Heute liegen ein paar davon im Museum von Klerksdorp (Südafrika). Einige der mysteriösen Kugeln zeigen an ihrem Äquator drei parallel nebeneinander verlaufende Rillen. Und sie stammen definitiv aus keiner uns bekannten Kultur. [52, S. 951 ff.] Wie soll ich mich mit wissenschaftlich grundehrlichen Fachleuten unterhalten, die von all dem keinen blassen Dunst haben? Die nie etwas von der Geode hörten, die am 13. Februar 1961 am Rande der Wüste von Amargosa (Kalifornien) gefunden wurde und in ihrem Innern einen Metallstift beherbergte? [46] (Bild 114 und 115) Die Existenz des Stiftes setzt hohe Kenntnisse der Metallurgie voraus und eine Werkstatt. Und dies vor mindestens 500 000 Jahren. So alt ist die Geode. Dies und vieles mehr ist den Skeptikern nicht bekannt. Sie wollen es auch gar nicht wissen. Ihre Welt ist der angeblich gesicherte Rahmen der Evolution. Alles andere bringt ihr Denken durcheinander und kann also nur Fälschung sein.

Nur gerade 80 Kilometer nordöstlich von Lima/Peru liegt die Hochebene von Marcahuasi (Provinz Huarochiri). In einer Vier-Stunden-Fahrt werden Touristen von Lima aus zum Dorf San Pedro de Casta gefahren. Dann geht's zu Fuß oder zu Pferd bis zum Hochplateau von Marcahuasi in 3963 Metern Höhe. Noch vor Jahrzehnten war kaum jemand an Marca-

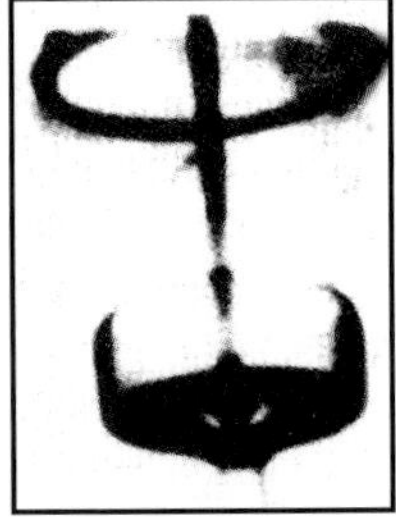

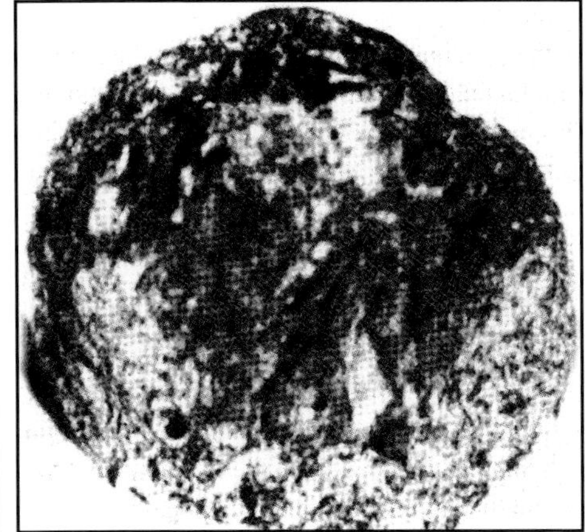

▸ 115

huasi interessiert – heute tummeln sich zwischen April und Oktober rund 5000 Touristen in der felsigen und trockenen Gegend. Was treibt die Menschen nach Marcahuasi?

Der Ort ist unheimlich. Esoteriker sprechen von einem sehr starken Kraftfeld, dem sich niemand entziehen könne. Oben, auf dem Plateau, stolpern die Besucher über zerfallene Mauern einer Indiokultur aus dem 13. Jahrhundert. Doch das Ur-Marcahuasi muss Jahrhunderttausende alt sein. Dies behauptet Dr. Daniel Ruzo, Rechtsanwalt aus Lima, der sich monatelang mit Fotoapparat und Messband in Marcahuasi umsah. [53] Je nach Tageslicht und Jahreszeit erkennt man in den Felsen Gestalten aus einer unbekannten Welt. Da tauchen Köpfe auf, als wären sie lange vor der Flut aus dem Fels gehämmert worden. Eine Formation nennen die Anwohner »das Monument der Menschheit«. Bei Tageslicht erkennt der staunende Betrachter 14 verschiedene Gesichter, die je nach Sonnenstand ineinander übergehen. Nachts erscheinen zwei andere sphingenhafte Gestalten, die wie durch einen Schleier der Zeit stolz über die Ebene blicken. Man fühlt sich auf Schritt und Tritt beobachtet, so als ob Priester und Götter aus einer versunkenen Welt allgegenwärtig wären. Weshalb um alles in der Welt sollen Menschen einer längst vergangenen Kultur Köpfe und Gesichter in die natürlichen Felsen gemeißelt haben? Vermutlich aus demselben Grund, aus dem wir Denkmäler in die Landschaft setzen. Im US-Bundesstaat South Dakota, südwestlich von Rapid City, liegt der Mount Rushmore. Mit Schlaghämmern und Tonnen von Dynamit wurden dort die Gesichter der US-Präsidenten George Washington, Thomas Jefferson, Theodore Roosevelt und Abraham Lincoln aus dem nackten Felsen geschlagen beziehungsweise aus diesem herausgesprengt. Gleich nebenan wird das Bergmassiv zur gigantischen Reiterstatue des Indianerhäuptlings Sitting Bull modelliert. Heute werden die grandiosen Felsmonumente gepflegt, von Gräsern und Büschen befreit. Was aber werden die Menschen nach Jahrzehntausenden sagen, wenn nur noch Rudimente der Präsidentengesichter erkennbar sind? Werden sie die vier Köpfe und das Reiterstandbild als »geologische Launen« der Natur einstufen? Vermutlich schon, weil schließlich kein vernünftiger Mensch ganze Felsabschnitte zu Denkmälern umfunktioniert habe. Vergleichbar den unverständlichen Gesteinsschnitten oberhalb von Cuzco, über die ich im vorangegangenen Kapitel berichtete, steht der Besucher auch in Marcahuasi unvermutet vor Felsbrocken, die ihre gegenwärtige Form definitiv nicht auf natürliche Weise erhielten. Hier ist mit einer unbegreiflichen Technik gearbeitet worden. Wann und von wem? Zudem – und dies schildern die Einwohner von San Pedro de Casta – ist Marcahuasi ein gespenstischer Ort für UFO-Sichtungen. Jeder Bewohner will hier schon UFOs gesehen haben. Die unbekannten fliegenden Objekte seien in Marcahuasi so selbstverständlich wie die grasenden Kühe.

Dasselbe gilt für die rätselhafte Hochebene von »El Enladrillado« in Chile (Provinz Talca, rund 60 Kilometer östlich des Städtchens Talca). Auch dort gehören UFO-Sichtungen zum Alltag der lokalen Bevölkerung und auch dort liegen die Überreste einer völlig unbekannten Technologie. Weshalb besuchen UFOs die Überreste längst vergangener Kulturen? Handelt es sich bei ihren Insassen um Zeitreisende? Humberto Sarnataro Bounaud, der Leiter einer kleinen Expedition nach El Enladrillado, vermerkte: »Zweifellos hat an diesem Ort eine vergangene Kultur gelebt. Die Eingeborenen dieser Zone wären nie dazu fähig gewesen, etwas Derartiges zu bauen.« [54] Vor wenigen Jahren untersuchte der chilenische Lehrer Rafael Videla Eissmann El Enladrillado und verfasste eine sauber dokumentierte Broschüre über das Rätsel dieser Hochebene. [55] In einem persönlichen Gespräch versicherte Rafael Eissmann: »Hier stimmt etwas nicht. Seit Jahrtausenden leben hier keine Stämme. Unsere chilenische Archäologie wüsste es. Die zugeschnittenen Blöcke müssen von einer uralten Kultur stammen.« (Bild 116)

► 116

► 117

Von welch einer Kultur? Es kann doch vor unserem technologischen Zeitalter der Gegenwart nichts anderes gegeben haben! Sonst hätten diese Urururahnen uns sicher schriftliche Zeugnisse hinterlassen! Wir müssten ihre Spuren überall finden, unsere Rohstofflager auf der Erde müssten längst von jenen Unbekannten angezapft worden sein. Müssen sie nicht. Ich werde darauf zurückkommen.

Rund 40 Kilometer von Facatativa, Kolumbien, entfernt, liegt ein archäologischer Park mit den »*Piedras de Tunja*«. Auch die kolumbianischen Archäologen wissen nicht, was diese »Piedras« (= Steine) eigentlich sind. Immerhin fand man auf einigen der Blöcke Gravuren, die am ehesten an chemische Formeln erinnern. Im Park verstreut liegen viereckige und rechteckige Gesteinsmonster, die aussehen wie gewaltige Friese oder Decken, die einst auf starken Säulen ruhten und vor zig Jahrtausenden zusammenbrachen. Auch als Nichtgeologe weiß ich, dass die Natur unglaubliche Felswunder hervorzaubert, die wie geschliffene Monolithen oder künstliche Felswände aussehen können. Bei den *Piedras de Tunja* ist jedoch einiges anders. Auch die verflossenen Jahrhunderttausende und der Einfallsreichtum der Natur schaffen keine schnurgeraden Linien, die rechteckig um die ganzen Blöcke herumlaufen. (Bild 117) Wären die Gesteinsmonster wenigstens von einem Gebirge abgestürzt, so hätten wir eine mögliche Erklärung. Doch weit und breit existieren keine abgebrochenen Felswände. Dass schon die Ureinwohner die Gegend als Heiligtum betrachteten, belegen die geometrischen Einritzungen und die nicht allzu weit entfernten »Leyna-Steine«. Diese formen ein Rechteck aus Monolithen, wie man es auch in Europa und Nordafrika, zum Beispiel in Mzora (Marokko) findet. Als ob die Urmenschen sich weltweit abgesprochen hätten, ist auch das Rechteck von Leyna astronomisch sauber nach den vier Himmelsrichtungen justiert worden. Genau wie der Cromlech von Crucuno in der französischen Bretagne. Heute stehen in Leyna/Kolumbien noch 24 Menhire an einer Längsseite – in der Bretagne deren 22. Ursprünglich müsste das Rechteck von Leyna aus 76 Menhiren bestanden haben, plus einigen bis zu 6,4 Meter hohen Säulen, die heute im Zentrum des Rechtecks am Boden liegen. (Bild 118 und 119) Und nur einen knappen Kilometer entfernt liegen gleich mehrere steinerne Penisse am Boden. Fruchtbarkeitskult – sagen die Fachleute. Weshalb nicht? Das Wörtchen »Kult« passt immer.

Wir sind Gefangene unseres Denksystems. Die Nabelschnur bleibt immer die Evolution. Um Gottes willen nichts Grandioses in früheren Zeiten! Dabei ignorieren wir kaltblütig kontrollierbare Tatsachen – oder wir wissen nichts darüber. In einer Bucht des Titicacasees/Bolivien stieß Arthur Posnansky auf ein altes Bauwerk mit dreieinhalb Meter dicken Mauern. Die bolivianische Tageszeitung *El Diario* schrieb am 14. Juli 1931 darüber: »Es ist bekannt, dass die Erde mehrere Eiszeiten durchmachte, während derer sich weite Seen und Schmelzwasser bildeten, welche einstmals die bolivianische Hochfläche bedeckten …, *dieses Gebäude muss schon vor der Eiszeit entstanden sein, als der Titicacasee noch nicht so groß war wie heute.*« (kursive Hervorhebung durch EvD) Prof. Dr. Edmund Kiß, der jahrelang im Hochland von Bolivien Ausgrabungen tätigte, schrieb:

»Dass (die Ruine von) Tiahuanaco einmal ganz unter Wasser gestanden hat, ist sicher. Die große Freitreppe ist von einer dünnen Schicht im Wasser abgesetzten Kalkes überzogen, der so fest verhaftet ist, dass man ihn mit dem Messer abkratzen muss, um eine Probe zu nehmen.« Die gegenwärtige Archäologie nimmt keine Kenntnis davon, obschon die Kalkrückstände heute noch nachweisbar sind. Dasselbe gilt für Keramik

► 118

► 119

in einer Sedimentschicht. Dr. Kiss: »Die Gebeine von Menschen und Tieren, darunter von heute ausgestorbenen Tierarten, liegen in wüstem Durcheinander meilenweit in den Alluvien Tiahuanacos. Dieses Knochensediment hat an einer Stelle eine Mächtigkeit von etwa 3,5 Metern … Die Eisenbahn fährt hier durch einen Hohlweg, und dieser hat eine Wandhöhe von 3,5 Metern, ohne dass das Knochensediment durchstoßen ist. Unter den Schienen liegt immer noch das gleiche Sediment, zusammengesetzt aus Abermillionen größerer und kleinerer Knochen, *Bruchstücken von glasierter Keramik, Malachitperlen und anderem mehr …«* (kursive Hervorhebung durch EvD)

Keramik – Freunde der anderen Denkrichtung – ist von Menschen gemachtes Material. Ohne Menschen keine Keramik, und diese Keramik passt wieder mal in ein Jahrzehntausende altes Sediment wie eine Kuh auf die Kuppel des Petersdomes. Es interessiert die Skeptiker nicht. Sie wollen ihre Welt behalten, und auch wenn ihr Vorgehen in vielen Fällen durch und durch unwissenschaftlich ist, etikettiert man es als »wissenschaftlich«.

Im Jungfraupark von Interlaken/Schweiz können die Besucher eine grandiose Sammlung von größeren und kleineren Meteoriten bestaunen. Der Fundort jedes einzelnen Stückes ist sauber dokumentiert. Die über hundert außerirdischen Gegenstände sind allesamt echt. Und immer wieder tauchen Bruchstücke auf, die ausschauen, als wären sie irgendwo im Universum künstlich bearbeitet worden. Dr. Max Flindt, ein Physiker, der jahrelang mit dem Entwickler der amerikanischen Wasserstoffbombe, Dr. Edward Teller, zusammenarbeitete, berichtete mir von einem Meteoriten mit einem definitiv künstlich hergestellten Loch. Dieses Loch war in den Meteoriten hineingebohrt worden und nicht der Prozess irgendeines natürlichen Vorganges. Der Meteorit selbst bestand aus einer Art Stahllegierung, die wir nicht kennen. Weltraummüll? Ein Teil einer Rakete? Unmöglich, denn der seltsame Meteorit war am 26. April 1952 südwestlich von Olancha, Kalifornien, gefunden worden. Damals kreisten noch keine von Menschenhand gebauten Satelliten um die Erde. Max Flindt schrieb: »Der Fund weist darauf hin, dass irgendwo im Weltall ein Raumschiff explodierte. Oder der Stahlbrocken stammte von einem Planeten, der seinerseits auseinanderflog, und Teile davon schossen als Meteoriten ins Weltall.« [57]

In dasselbe Kapitel gehört ein Fund, über den die Deutsche Presseagentur im Sommer 1977 berichtete. Da tauchten in einem Kohlenbergwerk im Süden Australiens drei rostfarbene, offensichtlich aus Metall bestehende Scheiben auf. Sie wiesen einen Durchmesser von rund anderthalb Metern und eine Dicke von 45 Zentimetern auf. Der Biologe Dr. Mac Lawrie, der die kuriosen Dinger als Erster oberflächlich betastete, meinte, nie in seinem Leben habe er etwas Ähnliches gesehen. Seine Kollegin, Shirley Kempf, versicherte: »Die Scheiben könnten sich als der größte Fund des Jahrhunderts erweisen. Möglicherweise sind es kleine wissenschaftliche Sonden, die vor Tausenden von Jahren von einem Mutterraumschiff fremder Lebewesen auf die Erde gesandt wurden.« [58] Zeitungen berichteten auch von einer lokalen Legende der Aborigines, der zufolge vor unzählbaren Menschenaltern in unmittelbarer Nähe ein Fahrzeug vom Himmel gekommen sei. [59] Was ist aus den Scheiben geworden? Ein guter Bekannter, sehr gründlich in seiner Arbeitsweise und in Port Augusta/Australien wohnhaft, ging der Sache nach. Vom Bergwerk bis ins Wissenschaftsministerium. Ein amerikanischer Dienst habe die Scheiben zur Analyse abtransportiert. Seither sind sie verschwunden.

Genauso unverständlich und doch real sind die Gesteinsverglasungen, die an verschiedenen Orten unseres Globus zu beobachten sind. David Hatcher Childress berichtete mehrfach darüber. [60] Im südwestlichen Ägypten liegt das Große Sandmeer. Seit 1932 werden dort in der Nähe des Saad-Plateaus immer wieder kuriose Funde aus gelbgrünlichem Glas gemacht. Man nennt sie »libysches Wüstenglas«. Das britische Magazin *New Scientist* schrieb im Juli 1999, bis dahin seien über 1000 Tonnen des seltsamen Wüstenglases aufgetaucht, das größte Einzelstück wiege 26 Kilo. Anfänglich vermutete man, das Material müsse durch einen Meteoriteneinschlag entstanden sein. Doch weit und breit war nicht die Spur eines Kraters auszumachen. Auch die heißen Gase eines Meteoriten, der möglicherweise das Gebiet gestreift haben könnte, ohne auf der Erde einzuschlagen, lösten das Rätsel nicht. Dazu hätten die Fundorte des Wüstenglases mehr oder weniger auf einer geraden Strecke liegen müssen. Das taten sie aber nicht. Die Fundorte lagen stattdessen in einem von Ost nach West ausgerichteten Oval, das eine Fläche von 130 mal 53 Kilometern bedeckte, im Sandmeer der Libyschen Wüste. Das Glas besteht zu 97 Prozent aus Silizium und sieht aus wie ein gelbgrüner Edelstein. In einer Analyse, veröffentlicht in der wissenschaftlichen Zeitschrift *Nature,* die nach strengen Grundsätzen publiziert, meinte Dr. Spencer: »Es ist leichter anzunehmen, dass das Zeug vom Himmel gefallen ist.« [61]

Verglasungen wurden auch im Death Valley, Kalifornien, im Gebiet zwischen den Flüssen Gila und San Juan entdeckt sowie an einem völlig entgegengesetzten Ort der Welt: in Pakistan. Dort unter den jahrtausendealten Ruinen von Mohenjo-Daro.

Ein Mysterium ganz anderer Art liegt in Patagonien/Argentinien. Dort, im Departamento Deseado, südlich der Ortschaft Fitz Roy, liegt ein seltsamer Nationalpark, das Reservat

Monumento natural Bosques Petrificados de Santa Cruz. In einem Nationalpark erwartet man eigentlich herrliche Landschaften, schneebedeckte Berge, blaue Seen und bizarre Felsformationen. Nichts davon ist bei den *Bosques Petrificados* zu entdecken. Die Landschaft ist trocken, Sandwinde blasen im herben Steppengebiet, und weit und breit wohnt keine Menschenseele. Mit den *Bosques Petrificados* ist ein versteinerter Wald gemeint. Kein Wald, wie wir ihn uns vorstellen, sondern in der Gegend herumliegende Baumstämme mit Rinden und am Boden liegenden Zapfen – allesamt versteinert. Fachleute schätzen das Alter dieses versteinerten Waldes auf mindestens 70 Millionen Jahre. Damals muss in Patagonien ein feuchtes und warmes Klima geherrscht haben. Dann begannen die Anden aus dem Meer aufzusteigen – ozeanische Platten drückten nach oben –, und das neue Gebirge blockierte die feuchten Winde vom Pazifik her. Gleichzeitig begannen Vulkane zu spucken und warfen riesige Mengen von Asche über die Wälder. Diese Asche verhinderte den Fäulnisprozess der absterbenden Bäume, sie isolierte die Luft regelrecht vom Baumstamm. Deshalb blieben im versteinerten Wald Baumrinde, Astlöcher und sogar Tannzapfen erhalten. Doch wie kam es zu den Versteinerungen? Der Aschenregen tötete die Wurzeln im Boden nicht. An der Oberfläche regnete es immer wieder, und aus der Asche wurden die leicht löslichen Silikatsalze in den Boden gespült. Dort wurden sie von den Wurzeln aufgenommen und langsam auch an die Fasern des Baumstammes abgegeben. Über Jahrzehntausende verwandelte sich die entstandene Zellulose in Stein. So entstanden Versteinerungen und Halbedelsteine, sogenannte Achate, von denen es in der Gegend nur so wimmelt.

Dies zumindest ist die wissenschaftliche Erklärung für die versteinerten Bäume. Die Länge vereinzelter Stämme beträgt bis zu 50 Meter. Ihre bis zu 2,6 Meter breiten Wurzeln liegen heute noch im Boden. Rätselhaft bleiben einige Bruchstücke. Da gibt es nämlich Stämme, die in acht oder zwölf gleich groß geschnittenen Stücken herumliegen. (Bild 120) Ihre Bruchstellen sind in einer Art und Weise durch den Stamm gezogen, als wären sie durch die Benutzung einer Säge entstanden. Man erkennt nicht die kleinste Zersplitterung des Holzes, keinen aus dem Stamm herausragenden Ast. Doch weder vor Jahrzehntausenden noch gar Jahrmillionen kann irgendwer mit Sägen hantiert haben. Zumindest nicht nach unserem gängigen Evolutionsmodell. Dazu passt auch nachfolgende Meldung aus dem fernen Ägypten.

Am 14. September 1988 schrieb mir ein rumänischer Ägyptologe, der seinen Namen auf gar keinen Fall gedruckt sehen will, eine im höchsten Grade unglaubwürdige Geschichte. Ich bringe sie trotzdem, weil ich den Mann später persönlich kennenlernte und von seiner Integrität beeindruckt war. Der Ägyptologe – ich nenne ihn Mr. X. – gehörte im Sommer 1986 zu einem Grabungsteam, das im vorderen Teil des Tals der

▸ 120

Könige bei Luxor/Ägypten beschäftigt war. Es gehörte zur rumänischen Universität von Craiova (einer Stadt im Westen der walachischen Tiefebene). In zehn Metern Tiefe stießen die Archäologen auf ein unbedeutendes Grab. Die Wände trugen keinerlei Malereien oder Hieroglyphen. Mitten in der dunklen Gruft stand ein geschlossener Sarkophag, wiederum ohne jede Bemalung, und darin befanden sich getrocknete Früchte, Keramikfigürchen von Katzen, Spielzeugfiguren aus Elfenbein und schließlich die Bandagen einer kleinen Mumie. Nachdem die Linnen Schicht für Schicht entfernt worden waren, zeigte sich der Körper eines etwa sechsjährigen Jungen mit einem diagonalen Schnitt quer über dem Thorax. In der Brust steckte ein eindeutig künstliches Herz. Die nicht allzu ernst zu nehmende *Weekly World News* [62] berichtete später darüber: »Das Herz bestand aus Kunststoff und unbekannten Legierungen. Es ist ein künstliches Herz, kleiner als unsere Herzen und offensichtlich in der Technik sehr fortgeschritten. Sowohl die festen wie auch die beweglichen Teile fügen sich in einer Art ineinander, die uns unbekannt ist … Das künstliche Herz war eindeutig auf chirurgischem Wege eingesetzt worden. Das natürliche Herz fehlte. Dabei ist diese Herztransplantation in einer Weise vorgenommen worden, wie sie unsere Chirurgie nicht kennt.« Der ägyptische Journalist Ahmed El Mansour spekulierte in einer Kairoer Tageszeitung, entweder stamme das Herz aus einer früheren, unbekannten Kultur oder es sei von Außerirdischen verpflanzt worden.

Was ist aus dem Leichnam und dem künstlichen Herzen geworden? Mr. X meinte, zwei Inspektoren der Altertumsverwaltung hätten die Mumie zu Untersuchungszwecken in Plastik gehüllt, die Luft herausgesaugt und das Paket abtransportiert. Später habe er vernommen, C-14-Datierungen hätten ein Alter von rund 5000 Jahren ergeben. Von der Mumie und dem künstlichen Herzen habe er nie mehr etwas gehört. Ein älterer Mitarbeiter des Ägyptischen Museums habe in einem Kairoer Restaurant die Bemerkung fallen lassen, das Ganze gehe die Rumänen und den Rest der Welt nichts an. Man solle nicht mehr nachfragen.

Sofern die Geschichte stimmt, und ich gebe sie mit Vorbehalt weiter, hätte vor 5000 Jahren »irgendwer« ein Interesse daran gehabt, das Leben eines sechsjährigen Knaben zu retten. War es dessen eigenes Kind? Damals herrschte in Ägypten die vierte Dynastie. Das waren Pyramidenbauer, gerade aus der Steinzeit entlassen. Wie man aufgrund von Untersuchungen an unzähligen Mumien weiß, amputierten ägyptische Chirurgen schon vor 3000 Jahren einzelne Zehen und ersetzten sie durch Holzstücke. Beispielsweise im Grab »TT-95«. Der große Zeh der weiblichen Mumie bestand aus Holz. Auch kennt man Hunderte von ärztlichen Rezepturen aus dem Alten Ägypten. Allein der *Papyrus Ebers,* heute im Besitz der Universitätsbibliothek Leipzig, enthält 776 Rezepte für alle möglichen Wehwehchen. Die Wissenschaft der Medizin war gut entwickelt, schließlich kannten die damaligen Ärzte alle menschlichen Organe. Bei den Mumifizierungen wurden sie getrennt behandelt. Doch Kunststoffe und fremde Legierungen existierten im Alten Ägypten nicht.

Über einen genauso unmöglichen Fund schrieb mir Herr Dr. Milan Kalous. Er ist Afrikanist und Wissenschaftler, der einige Jahre an der Universität von Maiduguri (Dep. Borno, Nigeria) Vorlesungen hielt. Dabei kam er auch mit der Geschichte der legendären »Sao-Kultur« in Kontakt. Die Sao leben um den Tschadsee und galten seit jeher als übergroße Menschen. Dr. Milan Kalous berichtete, die Tongefäße der Sao seien derart groß, dass man sich nicht vorstellen könne, normale Menschen hätten sie gemacht. Einige der Gefäße seien fünf Meter hoch mit einer Wanddichte von zehn Zentimetern. Verblüffend auch ihre Keramikfigürchen. »Sie sind grotesk und fantastisch und zeigen mysteriöse Kreaturen, die weder als Mensch noch als Tier klassifizierbar sind.« Der wichtigste Ort dieser Sao-Leute ist das Dorf Ndufu, das in früheren Zeiten eine Stadt gewesen sein soll. Dort – so die lokale Legende – hätten sich einst Menschen mit den »Himmlischen« getroffen. Dr. Milan Kalous schrieb: »Was Herr von Däniken in verschiedenen Hochkulturen vermutete, ist in Ndufu wirklich geschehen. Für diese Schlussfolgerung habe ich Beweise. Es sind nicht die Sao-Riesen, es ist der Realismus der Ndufu-Terrakotten. Sie zeigen nämlich Einzelheiten, welche sich die Leute am Tschadsee einfach nicht vorstellen konnten. Diese Figuren sind von einem Naturalismus getragen, den man am ehesten als ›plastische Fotografie‹ beschreiben könnte. Was die Figuren zeigen, ist nicht afrikanische Vorstellungskraft, sondern historische Wirklichkeit. Die Kreaturen sind einfach nicht von dieser Welt. Wir haben hier die ersten zuverlässigen Bilder von außerirdischen Astronauten.« [63]

Toll! Und wo sind die Bilder? Dr. Kalous ließ mich wissen, die Figuren seien im Besitz einer alten Familie, die von den Stammesangehörigen heute noch als »königlich« betrachtet werde. Sie bewahre die Figuren als die hochverehrten Ahnen und gestatte keine Fotos. Himmel noch mal! Möge es einem jüngeren Kollegen gelingen, diese Spur aufzunehmen und das Vertrauen des ominösen Königs von Ndufu zu gewinnen.

Kuriositäten! Ungereimtheiten! In einem früheren Buch [45] belegte ich, und dies überprüfbar für jedermann, dass seit Jahrtausenden ein Netz von schnurgeraden Linien über Europa liegt. Dabei geht es nicht um irgendwelche Strecken, die sich mit dem Filzstift über die Landkarte ziehen lassen und dann zufälligerweise alte Ruinen kreuzen. Das Rätsel ist eine echte Herausforderung und zudem nicht datierbar. Niemand weiß nämlich, wann und weshalb irgendwelche steinzeitlichen Stämme ihre ersten Heiligtümer an vorher festgelegten Punkten errichteten. Festgelegt von wem? Übrig bleiben die schnurgeraden Strecken über Hügel, Berge und Täler – und, wie auf einer Perlenschnur aufgereiht, die vorgeschichtlichen Bauwerke. Das Liniennetz überzieht ganz Europa und ist durch keinen Zufall wegzuwischen, denn oft besitzen die steinzeitlichen Punkte selbst heute noch denselben Wortstamm (beispielsweise: Calais, Mont Alix, Mont Alet, L'Allet, Alaise, L'Allex, Alzano, Calesi, Cales). Sogar das gesamte antike Griechenland liegt unter einem geometrischen Raster. Angelegt im Strom der Zeit längst vor den genialen Mathematikern Euklid, Platon oder Pythagoras (dazu Quelle 45, Kap. 2). Nun macht Patrice Pooyard im Film *Das Geheimnis der Pyramiden* [64] darauf aufmerksam, dass auch sämtliche uralten Kulturen in geraden Strecken über den Globus verlaufen. Unter einer Linie mit 40 000 Kilometern Länge liegen: Paracas mit dem »Kandelabro« (Peru) – Nazca (Scharrzeichnungen, Peru) – Ollantaytambo (Peru) – Machu Picchu (Peru) – Sacsayhuamán (Peru) – Mali (Dogon, Afrika, Sirius-Rätsel) – Tassili (Algerien, Felsmalereien von »Astronauten«) – Siwa (Oase in Ägypten, Orakel des Amun) – Giseh (Pyramiden, Ägypten) – Petra (Jordanien, Grab des Aron) – Ur (Irak, Urkönige) – Persepolis (Iran, Götterstadt) – Mohenjo-Daro (Pakistan, uralte Siedlung, Gesteinsverglasungen) – Khajuraho (Indien, Tempel auf älteren Ruinen) – Pyay (Myanmar, Pagoden auf älteren Ruinen) – Sukhothai (Thailand, Tempel auf älteren Ruinen) – Angkor Wat (Kambodscha, Tempel auf älteren Ruinen) – die Osterinsel (Pazifik, zu Chile gehörend, Statuen). Ich habe die 40 000-Kilometer-Strecke auf einem künstlichen Erdglobus nachgezogen. Sie stimmt nur mit einer Bandbreite von rund 100 Kilometern. Aber das reicht für weitere Fragen.

Zu Beginn der 1970er-Jahre arbeiteten die russischen Wissenschaftler Gontscharow, Makarow und Morosow an einem Kulturatlas der Welt. Als Nikolai Gontscharow von der Kunstuniversität Moskau vor der fertigen Arbeit stand, meinte er, das Bild eines Fußballs zu erkennen. Die Markierungen wichtiger Stätten alter Kulturen ergaben den Eindruck eines mehreckigen Fußballs, wobei die Karrees wie die Nähte des Fußballs über fünf Ecken liefen. Zitat aus der *Komsomolskaja Prawda* [65]: »Viele Herde uralter Kulturen hatten demnach keinen zufälligen Standort gehabt, sondern lagen genau an den Knotenpunkten dieses Systems. So war es mit der Indus-Kultur von Mohenjo-Daro, mit Ägypten, mit der Nordmongolei, mit Irland, mit der Osterinsel, mit peruanischen Kulturen und sogar mit Kiew, der ›Mutter der russischen Städte‹. Der Naht entlang, wo die gigantischen ›Platten‹ zusammenstoßen, erstreckten sich die Erdölgebiete Nordafrikas und des Persischen Golfes. Dasselbe ist in Amerika von Kalifornien bis Texas zu beobachten. Natürlich ist nicht überall ein solcher Zusammenhang zu verzeichnen. Doch kommt er allzu häufig vor, als dass die Erscheinung rein zufällig wäre. Übrigens sind Abweichungen von dem geometrisch strengen Schema ganz und gar verständlich. Ändert sich doch auch unser Planet und setzt sich doch auch die Bildung von Naturschätzen fort.«

Dabei ergaben sich gespenstische Abschnitte, auf die bislang niemand gestoßen war. So ist die Distanz von Nazca in Peru nach Giseh in Ägypten dieselbe wie diejenige von Teotihuacán in Mexiko nach Giseh. Oder: Angkor Wat in Kambodscha liegt in Bezug zu Nazca in gleicher Distanz wie Mohenjo-Daro zur Osterinsel. Da bleibt einem – um es mit den Berlinern auszudrücken – »die Spucke weg«. Gab es vor zig Jahrtausenden – ich wage gar keine Zahlen einzusetzen – so etwas wie eine globale Baukommission? Bestimmte irgendeine Gruppe, wo sich Menschen anzusiedeln hatten? Entstanden die ältesten Kulturen an Punkten, die irgendetwas mit Energie oder Bodenschätzen (Erdöl, Mineralien etc.) zu tun hatten? Wer kommandierte die Menschen herum? Wozu? Und wann im Ablauf der Zeiten sollen sich die Ungeheuerlichkeiten abgespielt haben, die uns Heutigen wie Märchen erscheinen? Hat die Menschheit eine sagenhafte Vergangenheit? Wie alt ist eigentlich das geschichtlich nirgendwo dokumentierte Menschengeschlecht? Weshalb »nirgendwo dokumentiert«? Weil alle großen Bibliotheken der antiken Welt mit insgesamt über zwei Millionen Büchern zerstört wurden. Lediglich in der religiösen Literatur ist die mysteriöse Vergangenheit des Menschen nachweisbar.

Bereits vor dem Buddhismus existierte in Indien die Religion des Jainismus. Ihre Anhänger behaupten, die Gründung ihrer Religion liege Jahrhunderttausende in der Vergangenheit zurück. Sie sei ewig und unveränderlich. Die Überlieferungen der sogenannten *Shvetambara-Jainas* werden in 45 Hauptgruppen mit unaussprechlichen Worten unterteilt. [66, 67] Das *Anuttaropapatika-Dashanga* behandelt die Geschichte von den Ur-Heiligen, die zu den höchsten Himmelswelten emporgestiegen seien. In den Purvagata findet man wissenschaftliche Belehrungen, etwa im *Utpada-Purva* das Verhalten der Substanzen (Chemie). In den zwölf *Upangas* erfährt man alle Einzelheiten über die Astronomie, doch auch über die Lebensformen, die auf anderen Sonnensystemen beheimatet sind. Und das *Kalpa-Sutra* gibt Auskunft über die Führer des Jainismus, die sogenannten Tirthankaras. In jedem Kalpa (= Zeitalter) erscheinen 24 Tirthankaras. Die Jainas glauben, ihre alten Schriften seien ursprünglich von Priestergeneration zu Priestergeneration weitergegeben worden. Der Verlust einer Schrift ist für die Jainas nicht besonders schmerzlich, weil jeder Tirthankara das gesamte Wissen besitzt. Erstaunlich bei den Jainas sind die geradezu sagenhaften Zeitalter, in denen sich die Vergangenheit abspielte und in denen sich die Zukunft abspielen wird. Bei den Jainas ergeben 8 400 000 Jahre ein sogenanntes Purvanga. 8 400 000 dieser Purvangas entsprechen einem Purva. Die Zählerei der Jainas geht weiter bis hin zu 77-stelligen Zahlen.

Der Erste der Tirthankaras war Rishabha. Er wandelte vor 8 400 000 Jahren auf Erden. Die letzten beiden Tirthankaras verstarben um 500 respektive 750 v. Chr. Ein anderer, Arishtanemi mit Namen, beglückte unsere Erde vor rund 84 000 Jahren. Die Schriften der Jainas beschreiben sogar verschiedene Planeten außerhalb unseres Sonnensystems. Selbst der Götterhimmel hat einen Namen. Er heißt »Kalpa«. In ihm soll es herrliche fliegende Paläste geben, bewegliche Gebilde, die oft die Größe ganzer Städte ausmachen. Generationenraumschiffe? Diese Himmelsstädte sind stockwerkartig übereinander angeordnet, und zwar so, dass vom Zentrum jedes Stockwerkes aus die kleineren Vimanas (= Himmelswagen) in alle Richtungen ausfahren können. Ist nun ein Zeitalter abgelaufen und sollen neue Tirthankaras geboren werden, so erklingt im Hauptpalast des Götterhimmels eine Glocke. Diese Glocke bewirkt, dass in allen anderen 3 199 999 Himmelspalästen ebenfalls eine Glocke zu läuten beginnt. Dann versammeln sich die Himmlischen zur Beratung. Einige von ihnen besuchen in einem fliegenden Palast auch unser Sonnensystem. Und auf der Erde beginnt ein neues Zeitalter. Alles Unsinn?

Auf der altbabylonischen Königsliste WB 444 werden von der Erschaffung der Erde bis zur Sintflut zehn Urkönige aufgezählt. Die regierten insgesamt sage und schreibe 456 000 Jahre. Nach der Flut »stieg das Königtum abermals vom Himmel hernieder«, und die 23 Könige, die jetzt folgten, herrschten gemeinsam immer noch 24 500 Jahre, drei Monate und dreieinhalb Tage. Nicht anders in Ägypten. Der Priester Manetho meldet, der erste göttliche Herrscher in Ägypten sei Hephaistos gewesen, der auch das Feuer gebracht habe. Dann folgten Helios, Agathodaimon, Kronos, Osiris, Typhon und der Isis-Sohn Orus. Manetho berichtet über Namen und Daten, mit denen die Archäologie nichts anfangen kann, die aber dennoch existierten. Insgesamt 380 Könige werden aufgezählt, die in der offiziellen Ägyptologie nirgendwo vorkommen. [68] 13 900 Jahre sollen die Götter über Ägypten geherrscht haben, und die darauf folgenden Halbgötter und weiteren Dynastien nochmals 11 000 Jahre. Die unmöglichen Zahlen werden auch vom Geschichtsschreiber Diodor von Sizilien bestätigt, der vor rund zweieinhalbtausend Jahren immerhin eine 40-bändige historische Bibliothek zurückließ:

»Von Osiris und Isis bis zur Herrschaft Alexanders seien aber mehr als 10 000 Jahre verflossen, einige aber schreiben, gar nur ein Geringes weniger als 23 000 Jahre.« [69]

Alles Übertreibungen? Um 700 v. Chr. verfasste der Grieche Hesiod seinen Mythos von den fünf Menschengeschlechtern. [70] Ursprünglich, so schreibt er, hätten die unsterblichen Götter – Kronos und seine Genossen – die Menschen erschaffen. »Jener Heroen erhabenes Geschlecht, Halbgötter geheißen, die in der Zeit vor uns die unendliche Erde bewohnten.«

Bei den Maya in Zentralamerika gibt es einen Gott namens »Bolon Yokte«. Auf einer Schrifttafel im Tempel XIV von Palenque soll dieser Gott am 29. Juli 931 449 v. Chr. erstmals aufgetaucht sein. Und auf der dritten Tafel im Tempel der Inschriften von Palenque erscheint im Zusammenhang mit dem »Knaben König Pakal« ein Datum, das 1 274 654 Jahre in der Vergangenheit liegt. [71]

Wahnsinn! Es gibt kaum eine alte Kultur auf dem Erdenrund – und ich habe so manche studiert –, in der nicht geradezu groteske Zahlen über Ereignisse auftauchen, von denen unsere Geschichtswissenschaft nichts ahnt. Auch die Zeitalter im Buddhismus sind unermesslich lang. Dies wird im buddhistischen Werk *Anguttara-Nikaya* (Kap. IV) eindrücklich erwähnt. [72] Ein Kali-Yuga dauert 432 000 Jahre, ein Deva-Yuga 288 000 Jahre, ein Treta-Yuga 216 000 Jahre usw. Ähnlich groteske Jahreszahlen vermittelt das heilige Buch der Tibetaner, der *Kandschur.* [73] In der »Sammlung der sechs Stimmen« im Kapitel »Göttliche Stimme« liest man über die verschiedenen Himmel, die dort draußen existieren. Im Himmel der vier Großen Könige entsprechen 50 Erdentage einem Tag und einer Nacht. Die Lebensdauer beträgt 500 Jahre oder – auf Erdenjahre umgerechnet – neun Millionen Jahre. Im nächsten Himmel entsprechen 100 Erdenjahre einem Tag und einer Nacht. Die Lebensdauer beträgt 1000 Jahre oder 36 Millionen Menschenjahre. Im »Himmel der sieben Tresore« beträgt die Lebensdauer gar 144 Millionen Erdenjahre.

Das Problem mit all diesen unmöglichen Zahlen, die kurioserweise weltweit auftauchen, als hätten unsere Vorfahren emsig Daten ausgetauscht, liegt in der Evolution. Die Lehrmeinung lässt keinen Spielraum für frühere Kulturen zu. Vor 20 000 Jahren bemalten unsere Vorfahren ihre Felsen, sie wohnten in Höhlen, sammelten Wurzeln und Beeren, und die tapferen Männer taten sich zur Großwildjagd zusammen. Das war's. Irgendetwas Höherentwickeltes, das vor Jahrhunderttausenden oder noch größeren Zeiträumen existiert haben soll, muss Unsinn sein. Darwins Evolutionstheorie ist das Credo der Anthropologie. In wissenschaftlichen Kreisen ist es ein Sakrileg, nicht daran zu glauben. Jeder Zweifler an Darwins Lehre gilt als ignoranter Langweiler, der nicht ernst genommen werden darf. Dabei vergeht kaum ein Jahr, in dem nicht bei einer Pressekonferenz ein noch neuerer Fund in Bezug auf das menschliche Geschlecht bekannt gegeben wird, und das jeweilige Fossil gilt dann wieder als allerneuester Vormensch – bis zum nächsten Ereignis dieser Art. Neuerdings basiert die Abstammungslehre nicht nur auf Knochenfunden, sondern auf der DNS. Dass auch die Genetiker sich untereinander widersprüchliche Daten liefern, erfährt nur der Insider.

Um es klar und deutlich zu formulieren: Natürlich sind wir Produkte einer Evolution – aber eben nicht nur der Evolution. Es gab von Anfang an – ab der sogenannten »Ursuppe« – über die Jahrmillionen immer wieder Einschübe von außen. Evolutionssprünge. In unserem gerade begonnenen Jahrhundert erleben wir geradezu phänomenale Denksprünge. Da hat die katholische Kirche, wenn auch mit 120 Jahren Verspätung, endlich Darwins Evolutionstheorie anerkannt. Noch im Jahre 1950 schrieb der damalige Papst Pius XII. in seiner Enzyklika *Humani generis (Vom Ursprung der Menschheit),* Darwins Lehre sei nur als Hypothese zu betrachten. Der aufgeschlossene Papst Johannes Paul II. hingegen richtete eine Botschaft an die Päpstliche Akademie der Wissenschaften, in der erstaunlicherweise steht: »Neue Erkenntnisse bringen uns dazu, in der Evolution mehr als nur eine Hypothese zu sehen.« Einschränkend vermerkt der Papst, die Evolutionslehre gelte nur für den Leib. »Die Seele wird unmittelbar von Gott geschaffen.« [74]

Der Sekretär der Schweizerischen Bischofskonferenz, Nicolas Betticher, präzisierte diese Formulierung: »Gott sorgte für den Urknall, er schuf Sterne, Wasser, Luft und Sonne. Daraus ergaben sich die ersten Zellen, welche sich zu Amöben, Tieren und schließlich Menschen weiterentwickelten. Der Unterschied zwischen Mensch und Tier besteht darin, dass Gott in die Evolution eingriff, dem Menschen seinen Geist einhauchte und ihn nach seinem Ebenbilde schuf.« [75]

Und das soll man jetzt glauben. Bis zum nächsten Mal. Gott hat also in die Evolution eingegriffen. Wohl höchstpersönlich. Die Theologen der römischen Kirche merkten nicht, dass sie mit ihrer neuen Lehre das Fundament der biblischen Schöpfungsgeschichte zerschlugen. Was bleibt von der im Paradies begangenen »Erbsünde«, wenn die Entwicklung doch nach Darwin'schem Muster ablief? Und wozu ist denn noch eine »Erlösung« durch den eingeborenen »Sohn Gottes« vonnöten, nachdem die »Erbsünde« niemals stattgefunden hat? Übrigens war es nicht Gott, der den Menschen »nach seinem Ebenbild« schuf, der »in die Evolution eingriff«, sondern es waren »die Götter« – in der Mehrzahl. So steht es im hebräischen Original des ersten Buches Mose. (Das Wort »Elohim«, das an dieser Stelle in der Genesis verwendet wird, ist ein Pluralbegriff: »die Götter«.) Wird jetzt noch das Wörtchen »Götter« durch »Außerirdische« ersetzt, so sitzt der Nagel richtig. Doch diese Erkenntnis wird wohl erst eingestanden werden, wenn ETs auf dem Petersplatz eine Feier zu Ehren der unendlichen Schöpfung zelebrieren. Dann folgt die Enzyklika *Ad honorem Extraterrestrium = Zu Ehren der Außerirdischen.* Und all dies hat mit Blasphemie oder Atheismus gar nichts zu tun. Schließlich bleibt am Ende der Kette die Schöpfung, der grandiose Geist, als Ursache des Universums. Oder eben: Gott. Das gilt auch für die superklugen Astrophysiker, die hinter dem Urknall, der Singularität, nicht mehr weiter wissen. Von nichts kommt nichts – nicht mal in der Astrophysik.

Nochmals: Selbstverständlich entwickelten sich auf der Erde die Lebensformen nach dem evolutionären Modell. Dazu aber kamen die gezielten, künstlichen Mutationen von außen. Unser Planet war nie ein geschlossenes System. Neben den akademischen Evolutionsgläubigen, die keine Sekunde an ihrer Ideologie zweifeln, gibt es schließlich auch brillante Wissenschaftler mit hervorragenden Argumenten gegen eine Allmacht der Evolution. Ich schätze die inzwischen angehäufte Anti-Evolutions-Literatur auf gut hundert Bände. Nachfolgend nur zehn Namen in chronologischer Reihenfolge, alles Topwissenschaftler, darunter Biologen und Anthropologen, die seit 40 Jahren für eine zusätzliche Sicht neben der Evolution kämpfen.

Teilhard de Chardin [76], Roland Puccetti [77], Max Flindt [78], Arthur Ernest Wilder-Smith [79], Fred Hoyle [80], Francis Crick [81], Bruno Vollmert [82], Arthur Horn [83], Michael Cremo [52] und Thomas Nagel [84].

Letzterer studierte an der *Cornell University* in Oxford sowie in *Harvard* und ist zurzeit Professor für Philosophie an der *University of California* und an denjenigen von *Berkeley* und *Princeton.* Eine in der Wissenschaft international anerkannte Größe. Ändert das etwas?

Prof. Dr. Thomas Nagel geht seit seiner neuesten Publikation durch ein Fegefeuer der Kritik. Seine stur darwinistisch denkenden Kollegen sind empört, schießen aus allen Rohren gegen ihn. Was hat der grundehrliche Wissenschaftler falsch gemacht? Er wagte es, die Darwin'sche Lehre blitzsauber belegt anzuzweifeln. [85] Ein Verrat! Das Beispiel zeigt: Heute gibt es immer weniger objektive Wissenschaftler. Zu viele sind parteiisch geworden. Opfer ihres Fehlens von Zivilcourage. Und da sich immer die Großmäuligen durchsetzen, landet die Menschheit in einem unwissenschaftlichen Weltbild – versehen mit dem Etikett »streng wissenschaftlich«.

Nach dieser Lehrmeinung sind Kulturen wie Atlantis, Lemuria oder Kásskara unmöglich. Genauso wie Mutationen, die von außen kommen. Der Etikettenschwindel der Evolutionsideologie verhindert dies. Amen.

4. Kapitel

Das Wissen der Kogi

An der kolumbianischen Küste der Karibischen See liegt die Stadt Santa Marta und gleich dahinter die »Sierra Nevada de Santa Marta«. Dort leben heute noch die Indiostämme der Arhuaco, der Wiwa und der Kagaba-Kogi. Im Gebirgsmassiv der Sierra Nevada mit einem höchsten Punkt von 5775 Metern entspringen rund 200 kleinere Bäche, einer davon heißt Buritaca. Beidseitig dieses steil abfallenden Bergbaches liegt eine alte Kogi-Stadt. Man nennt sie »Buritaca 200« oder »die verlorene Stadt«. Mit der Zahl »200« ist der zweihundertste Bach gemeint. Ich war dort und lernte das Staunen wieder. Später vertiefte ich mich in die Überlieferungen der Kogi-, Wiwa- und Arhuaco-Indios und verneigte mich vor ihrer Weisheit und ihrem uralten Wissen. Doch der Reihe nach …

»Buritaca 200« wurde in den vergangenen Jahrzehnten unter der Leitung von Dr. Alvaro Soto (Staatsuniversität von Bogota) ausgegraben. [86] Die Stadt im Dschungel ist anders als alle anderen. Ein Helikopter der kolumbianischen Luftwaffe hatte mich auf der obersten Terrasse einer Plattform abgesetzt, die man am ehesten mit einer Hochzeitstorte vergleichen kann. Eine Stufenterrasse über der nächsten. In- und übereinander verschachtelt häufen sich in 900 bis 1300 Metern Höhe 32 größere und kleinere Flächen. (Bild 121 bis 123) Wegen der komplizierten Topografie mussten – vergleichbar mit Machu Picchu in Peru – die alten Baumeister Meter um Meter des Geländes einebnen und mit Kieseln und Steinen wasserdurchlässig machen. Keine der Terrassen durfte abrutschen. Die Steilhänge wurden eingeschnitten, mit Erde und Stützmauern gefüllt. Diese Mauern weisen Höhen von 60 Zentimetern bis

▸ 121

► 122

► 123

zu zehn Metern auf. In die Mauern integriert wurde von allem Anfang an ein Kanalisationssystem, das den Mammutkomplex trotz ständiger Feuchtigkeit und sintflutartiger Regenfälle trocken hielt. Die gigantische Größe von »Buritaca 200« lässt darauf schließen, dass es einen Plan gegeben haben muss, bevor die Gesteinsmassen bewegt wurden.

Zuerst vermutete ich, die oberste Terrasse sei eher zufällig durch ein Auftürmen von Steinplatten zustande gekommen. Das erwies sich als Irrtum. »Buritaca 200« ist eine bizarre Landschaft von übereinanderliegenden Steinkreisen, geschwungenen Mauern, Ellipsen, Türmchen, Treppen und Wegen in einem unbeschreibbaren Gewirr. (Bild 124 bis 131) Schaute ich nach oben, nach unten, nach rechts, nach links, stets erblickte ich andere Plattformen. Dabei stand ich meistens auf einem künstlichen Untergrund. Selten auf Naturboden. Schob ich nur eine einzige Liane zur Seite, lagen andere,

► 124

► 125

► 126

► 127

► 128

► 129

▸ 130

▸ 131

► 132

präzise aufgetürmte Mauern und Stiegen dahinter. Bei einer dieser Treppen zählte ich die Stufen. Es waren 1358. (Bild 132) Steinbalken auf Steinbalken. Prof. Soto sagte mir, insgesamt hätte man über 200 Kilometer mit Steinen ausgelegte Straßen und Wege entdeckt. Ich kenne die berühmten Reisterrassen in den Bergen der Philippinen – sie sind mit »Buritaca 200« nicht vergleichbar. Wasserfälle, die von Steilhängen hinunterrauschen, werden geschickt aufgefangen und in künstliche Kanäle geleitet. »Buritaca 200« ist auch nicht vergleichbar mit den monolithischen Bauten wie Sacsayhuamán in Peru oder Puma Punku in Bolivien. Hier wurden keine 100 Tonnen schweren Granitblöcke bewegt, doch Millionen und Abermillionen von Steinen und Platten unterschiedlicher Größe. (Bild 133 bis 136) Nahezu alle Berghänge sind verbaut. Dabei schufen die Architekten genug Raum für den Ackerbau, um

► 133

► 134

▸ 135

▸ 136

eine Bevölkerung von rund 80 000 Menschen zu ernähren. Im gesamten Gebiet der Sierra Nevada de Santa Marta sollen in vorspanischer Zeit rund 300 000 Menschen gelebt haben. Im Tiefland wuchsen Zuckerrohr, Mais und tropische Früchte aller Art, in den höheren Gebieten werden bis heute Zwiebeln, Kartoffeln und diverse Gemüse angepflanzt.

Als die Spanier Rodrigo de Bastidas und Juan de la Cosa im Jahre 1501 die Küsten Venezuelas erforschten, drangen sie auch in Richtung Kolumbien vor und trieben Handel mit den dort ansässigen Indios. Rasch begriffen die Spanier, dass die Indios auch Goldgegenstände zum Tausch anboten. So kamen die Eingeborenen zum falschen Namen »Taironas«. Das Wort »Tairo« bedeutet so viel wie »Metall«, und exakt darauf waren die goldgierigen Spanier scharf. Mit der angeblichen »Tairona-Kultur« waren die Kagaba-Kogi gemeint. Die Spanier kämpften jahrzehntelang gegen die Indios. Sie brannten ihre Dörfer nieder, verschleppten Männer und Jugendliche als Sklaven. Die Indios kämpften mit Wurfsteinen, Holzkeulen, Speeren und vergifteten Pfeilen. Das Gift gewannen sie aus der Natur: aus dem Saft des Manzanillenbaumes, einem sehr toxischen, birnbaumähnlichen Wolfsmilchgewächs mit apfelähnlichen Früchten. Die Pfeile wurden im Fruchtsaft gedreht, an der Luft getrocknet und in Palmblätter gewickelt, damit die Bogenschützen sich nicht selbst vergifteten. Aus der Rinde der Schlingpflanze *Strychnos toxifera* zapften die Indios das Pacurine-Gift ab – in der modernen Medizin bekannt als Curare, bei dem es sich um ein Gift handelt, das die Übertragung der Nervenreflexe an die Muskulatur verhindert.

Am Ende hatten die Spanier rund 3000 Krieger verloren, doch der Blutzoll der Kagaba-Kogi war weitaus höher, er wird auf 20 000 bis 30 000 Tote geschätzt. Alles nur wegen der Goldgier der Europäer. Der Dschungel wurde zum Reich von Wildkatzen, Brüllaffen, Geiern und Giftschlangen. Der Urwald fraß sich durch die Terrassen und Wege. Die Priester der Kagaba-Kogi hatten sich mit Tausenden von Stammesangehörigen in den schwer zugänglichen Gebirgen der Sierra Nevada versteckt. So haben ihre alten Bräuche und Traditionen überlebt. Das Wissen ihrer Vorväter ging nicht verloren.

Der Erste, der sich wissenschaftlich mit den Kagaba-Kogi befasste und ausführlich darüber berichtete, war Professor Theodor Preuss. Derselbe also, der schon über die Statuen und unterirdischen Anlagen von San Agustín geschrieben hatte. Preuss fand heraus, dass die Kagaba-Kogi ihre alten Gesetze von vier Urpriestern herleiten, die lange vor der Flut vom Himmel herniedergestiegen waren. [87] Diese Urlehrer hatten ihre Heimat im Weltall, alle Gesetze erreichten die Kagaba-Kogi »von außen her«. Jedes Mal, wenn diese himmlischen Lehrmeister auf die Erde herniederstiegen, trugen sie Masken. Sie konnten ihre Gesichter nicht abnehmen.

Mich erinnert das spontan an das babylonische *Gilgamesch-Epos,* das erste Buch Mose und die Überlieferung der Kayapo-Indios am oberen Amazonas. In allen Fällen durften die Menschen das Antlitz ihres jeweiligen Gottes nicht sehen. Moses sah seinen Herrn nie. Bei Gilgamesch ist nachzulesen: »Wer den Göttern ins Angesicht schaut, muss vergehen.« [88, 89] Und der himmlische Lehrmeister bei den Kayapos zeigte sich in einem geschlossenen Anzug ohne Aussparungen für Augen, Ohren, Nase und Mund. [50] Ganz offensichtlich schützten sich die außerirdischen Lehrmeister durch Masken und Filter vor unserer irdischen Luftzusammensetzung und den Bakterien.

Die Kagaba-Kogi-Priester vererbten ihr Amt den Söhnen. Nicht anders als bei den Jainas in Indien. Die Söhne werden heute noch (!) in einer neunjährigen Novizenzeit erzogen, damit das Wissen der Väter unverändert von einer Generation zu nächsten gelangt. Die Priester heißen »Mama«, und ein Mama ist der absolute Herrscher. Er kann ohne Grenzen strafen und loben, weil er sich in direkter Nachfolge der kosmischen Urpriester weiß. Auch die heutigen Mamas sind davon überzeugt, mittels geistiger Kommunikation mit dem Kosmos in Verbindung zu stehen.

Um diesen Grad der Hellsichtigkeit und Telepathie, der hypersensiblen Spiritualität, zu erreichen, müssen sich die Novizen neun Jahre lang in totaler Dunkelheit einsperren lassen. In dieser Zeit dürfen sie keine Frau berühren, keine Arbeit tun und nur salzlose Nahrung zu sich nehmen. Die Kagaba-Kogi-Priester haben auch ein völlig anderes Zeitgefühl als wir. Sie betrachten sich als »die älteren Brüder«, wir sind »die jüngeren Brüder«. Über das Universum sprechen sie in einer Zeitlosigkeit, als sei sie allgegenwärtig, und über die spanischen Eroberungen, als wären sie erst gestern erfolgt. Gegenstände gelten nicht einfach als »tot« wie bei uns. Alles gilt als belebt, und in diversen Zeremonien lenken die Kagaba-Kogi, doch auch ihre Brüder der Arhuaco und der Wiwa, bestimmte Gedanken in Naturprodukte wie Wurzeln, Baumrinde oder Nahrungsmittel, doch auch in Steine.

Prof. Theodor Preuss schrieb die Überlieferung der Kagaba-Kogi nieder.

Vers 1: »*Die Mutter unseres ganzen Samens gebar uns am Anfang, ... sie ist die Mutter der Milchstraße.*«

Vers 12: »*So hat die Mutter ein Andenken in allen Tempeln hinterlassen. Zusammen mit ihren Söhnen Sintana, Seizanhuan, Aluanuiko und Kultsavitabauya ...*«

Vers 38: »*Nun vergingen Jahrtausende, da brachte die Welt Menschen mit naturwidrigen Neigungen hervor, derart, dass sie alle Arten von Tieren zum Beischlaf benutzten. Die Mutter begehrte den Sohn, der Vater die Tochter, aus demselben Blut der Bruder die Schwester …«*

Vers 39: »*Das sah der Sohn Sintana, und er öffnete die Pforten des Himmels, damit es vier Jahre lang regnete …«*

Vers 40: »*Der Priester Seizanhuan baute ein Zauberschiff und setzte alle Arten von Tieren und anderes hinein: Auch alle Arten von Gewächsen … und verschloss die Tür.«*

Vers 41: »*Nun begann roter und blauer Regen, um vier Jahre lang anzuhalten, und mit dem Regen bereiteten sich auf der ganzen Welt Seen aus.«*

Vers 43: »*Insgesamt vergingen neun Jahre, bis alle Seen austrockneten, wie die älteren Brüder überliefert haben.«*

Vers 44: »*Nun waren alle Bösen zugrunde gegangen, und die Priester, die älteren Brüder kamen alle vom Himmel herab. Mulkueikai öffnete die Tür des Zauberschiffes und alle Vögel und vierfüßigen Tiere gingen hinaus. Alle Bäume und Gewächse begannen zu wachsen. Dies vollbrachten die göttlichen Väter genannten Personen.«*

Vers 46: »*Und in allen Tempeln hinterließen sie eine Erinnerung als Denkmal.«*

Wie sich die Texte gleichen! Die Kagaba-Kogi-Überlieferung sprach von Sodomismus. Das tut auch das 1. Buch Mose, Kapitel 19, vor der Flut. In der *Bibel* verursachte »Gott« die Flut, im Buch Henoch taten das die »Wächter des Himmels«. [90] Bei den Kagaba-Kogi der Priester Seizahnhuan. In allen Fällen – und es gibt mehr davon! – ist die Flut kein Naturereignis. Sie wurde von einem »Göttlichen« veranlasst.

»Alle kamen vom Himmel herab«, überliefern die Kagaba-Kogi. Was stand in der sumerisch-babylonischen Königsliste, niedergeschrieben an einem ganz anderen Ort der Welt? »Nach der Flut stieg das Königtum abermals vom Himmel hernieder.« Dieselbe Aussage findet man im *Gilgamesch-Epos.* Wer hat den traurigen Mut, bei derartig eindeutigen Passagen von zufälligen Übereinstimmungen zu faseln?

Bei den Kagaba-Kogi gilt der Kosmos als eiförmiger Raum, der durch sieben Punkte bestimmt wird: Norden – Süden – Westen – Osten – Zenit – Nadir (der dem Zenit gegenüberliegende Punkt) – Mittelpunkt. (Bild 137) Innerhalb des so definierten Raumes liegen neun Schichten oder Welten, von

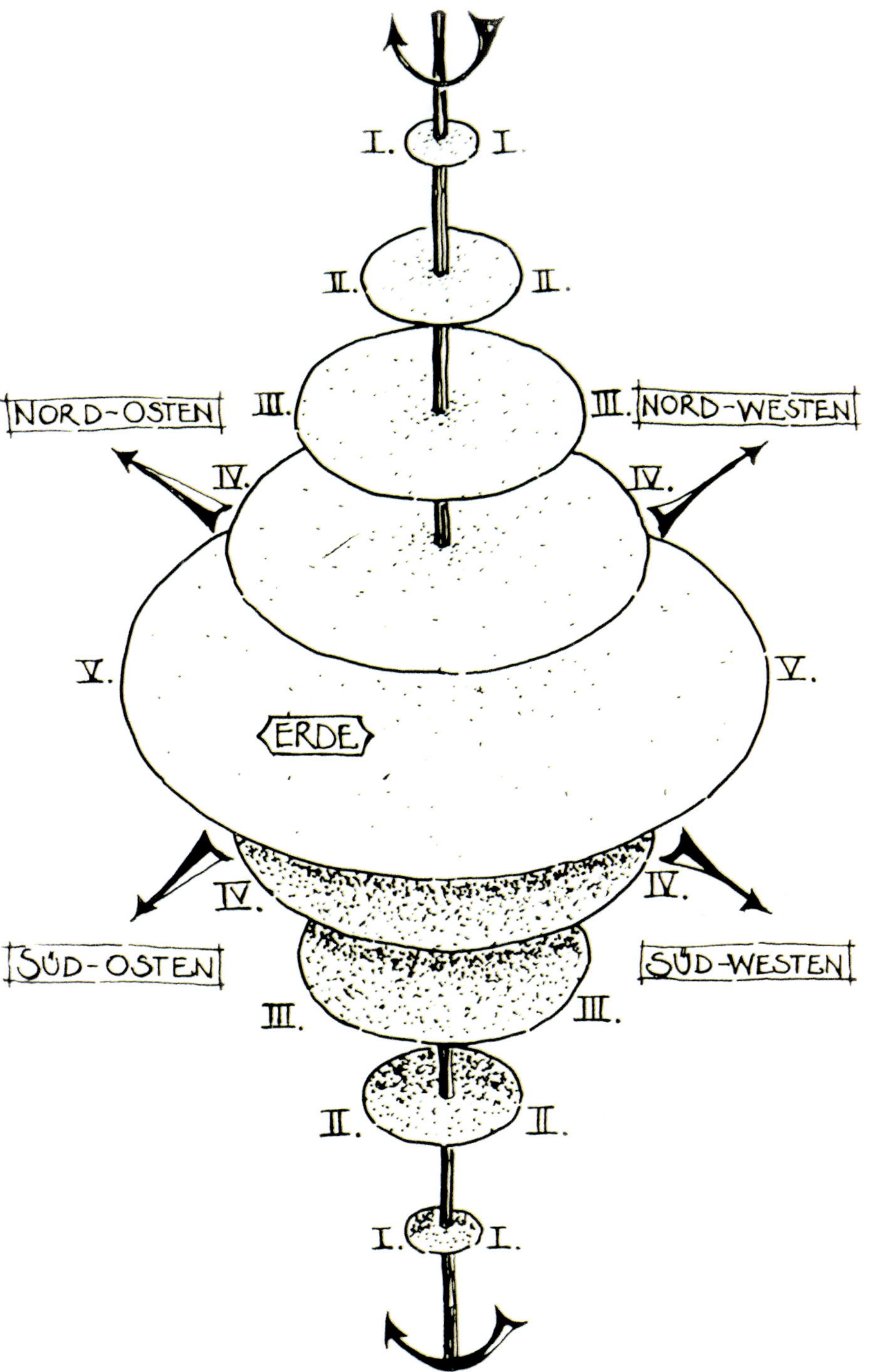
I.
I.
II.
II.
III.
NORD-OSTEN
III.
NORD-WESTEN
IV.
IV.
V.
V.
ERDE
IV.
IV.
SÜD-OSTEN
SÜD-WESTEN
III.
III.
II.
II.
I.
I.

▸ 137

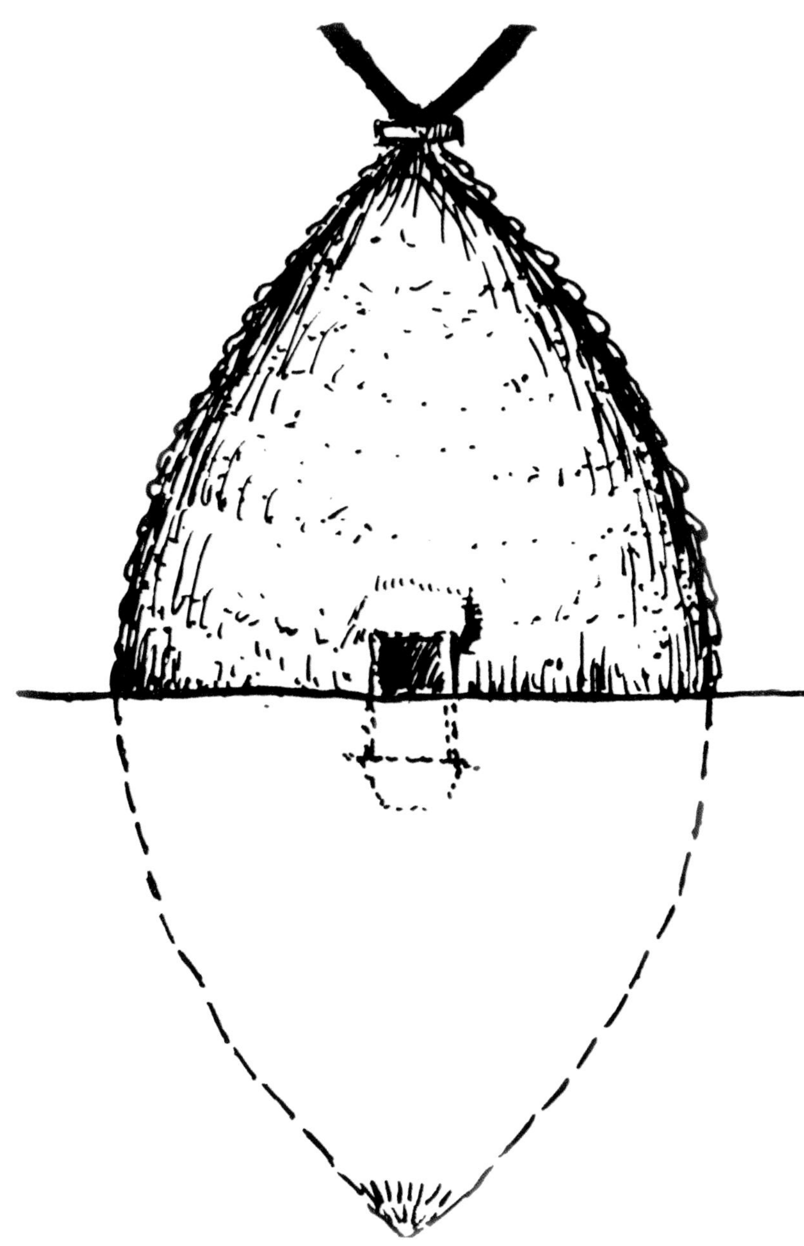

► 138

denen die mittlere – die fünfte – unsere Welt darstellt. (Bild 138) Nach diesem Muster werden auch heute alle Kogi-Zeremonialhäuser errichtet. Der Erdboden, auf dem wir leben, ist die fünfte Schicht, doch über und unter uns existieren je vier weitere Ebenen. Zudem sind die Zeremonialhäuser zugleich Kalenderplätze. In jedem Kogi-Dorf steht ein großes, rundes Männerhaus (heute beispielsweise in der Kogi-Siedlung Chivilongui) Aus dem Dach ragt ein großer Pfahl. Schräg gegenüber steht das Frauenhaus, und aus seinem Dachfirst stoßen zwei gekreuzte Balken. Dieses Frauenhaus steht an einem vorher errechneten Punkt, denn exakt am 21. März, zum Frühjahrsbeginn, wirft der Pfahl vom Männerhaus einen langen Schatten, der sich genau zwischen den Schatten der gekreuzten Balken des Frauenhauses legt. (Bild 139) Der Phallus dringt in die Vagina ein – Symbol des Frühlings, der Same muss in die Erde gelegt werden.

▸ 139

Ich kenne die verschiedenen Sintflutgeschichten, weiß, dass Wissenschaftler mehrere Fluten an mehreren Orten der Welt nachgewiesen haben. Ich kenne aber auch die Werke der alten Historiker – Platon, Strabo, Diodor, Herodot, Henoch, Plutarch etc. – wie auch die Überlieferungen der Äthiopier, der *Bibel,* des *Buches Mormon,* des *Mahabharata,* des *Popol Vuh* der Maya und so weiter. Dort überall – egal in welchem Winkel der Erde – wird von einer globalen Flut, einer globalen Vernichtung des Menschengeschlechtes geschrieben. Und von einem Neuanfang. Und in all den großen Menschheitsüberlieferungen kam der Same des Lebens von außen. Das gilt selbst für die *Bibel:* »Und Gott (= die Götter) schuf den Menschen nach seinem Ebenbilde, nach dem Bilde Gottes schuf er ihn.« (1. Mose 26 ff.) Evolution ja, doch die Ur-Information kam aus dem Universum, sie entstand nicht zufällig in der Ursuppe. [91, Kap. 5]

Beides, die Information zur Bildung des Makromoleküls DNS wie auch der Neubeginn nach der Flut, passt in den geregelten Ablauf einer Evolution wie die Faust aufs Auge.

5. Kapitel

Zeichen für die Himmlischen

Dank *Google Earth* wird's unheimlich. Glaubte man früher, nur die Nazca-Indios in Peru hätten gigantische Bilder in den Boden gelegt, weiß man's inzwischen besser. Im Nordosten Jordaniens liegt das Gebiet von »Harrat ash-Shaam«. Es handelt sich dabei um eine trockene Wüstenei, in der nie Tiere grasten, nie Wasser sprudelte, nie Städte existierten. Ausgerechnet dort, am Ende der Welt, wurden in den vergangenen Jahren rund 1000 (eintausend!) seltsame Kreise im Boden gefunden. (Bild 140) Sie bestehen aus weggeschobenen Basaltsteinen, vereinzelt aus kleinen, zusammengekratzten Häufchen, gerade mal fünf Zentimeter hoch, und sehen im Wesentlichen aus wie Räder mit Speichen. Über 40 dieser

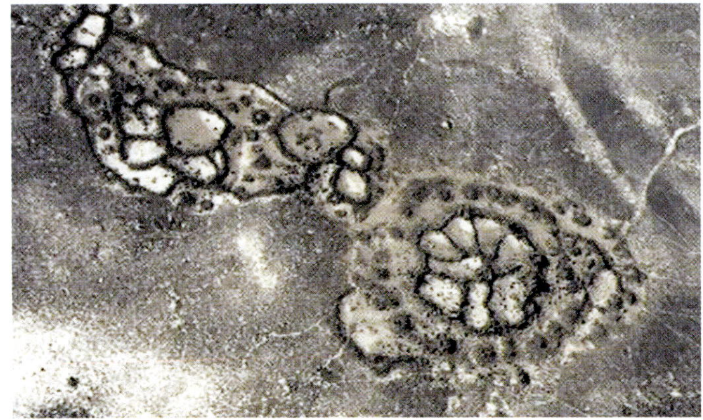

► 140

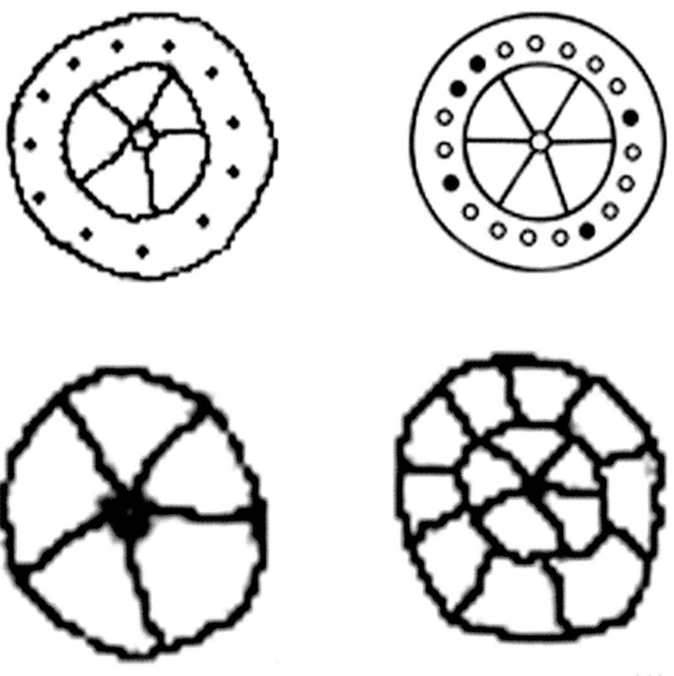

▸ 141

seltsamen Ringe liegen bei der Oase Azrag, doch ist die ganze Ansammlung nur aus der Luft erkennbar. Dann wieder findet man die unerklärlichen Formationen am Ende von langen, geraden Linien. Die wiederum laufen oft über viele hundert Meter keilförmig aufeinander zu. Lokal nennt man sie »Kites« = Drachen. Die seltsamen Kreise sind unterschiedlich in Form und Größe. Mal haben sie drei, mal neun Meter Durchmesser, mal führen vom Zentrum aus Speichen an den Rand der Räder, dann wieder sind die Räder in unterschiedliche Kammern unterteilt, oder in unmittelbarer Nähe eines Kreises sind Flügel dargestellt. (Bild 141) Der Kenner denkt unweigerlich an ähnliche Darstellungen in der Wüste von Atacama in Chile (nordwestlich von Antofagasta beim Städtchen San Pedro de Atacama). (Bild 142 und 143) Die gleichen Motive existieren in verkleinerter Form auch in der globalen Felsbildkunst. Etwa

► 142

► 143

▸ 144

▸ 145

im nordbrasilianischen Bundesstaat Piaui bei »Cete Cidades« (Bild 144) und in Kalifornien bei Santa Barbara (Bild 145). Oder in anderer Form in Ägypten mit der geflügelten Sonnenscheibe. Professor David Kennedy von der *University of Western Australia,* der gemeinsam mit seinem Kollegen Dr. Robert Bewley das Projekt »APAAME« in Jordanien entwickelte, spricht inzwischen von 40 000 Bildern, deren Ausführung aus der Luft beobachtet wurde. Darunter befinden sich riesige, mehrere hundert Meter lange Gebilde. (Bild 146) Experten wie Dr. D. Kennedy schätzen das Alter der Bodenmarkierungen auf 5000 bis 7000 Jahre. Unbeantwortet bleibt die wichtigste Frage: Wem eigentlich wollten die steinzeitlichen Wüstenbewohner Zeichen geben?

200 Meilen südlich von Tabuk, nahe der jordanischen Grenze, aber auf saudi-arabischem Gebiet, liegen einige bis zu 180 Meter lange geometrische Figuren im Boden. Sie zeigen pyramidenförmige Dreiecke, die in einen riesigen schwarzen Ring münden. (Bild 147) Das Alter ist unbestimmt, aber mit Sicherheit vorgeschichtlich.

► 146

▸ 147

Der Spuk zieht sich weiter. 150 Kilometer nördlich von Medina liegt die Oase von Khaybar (Saudi-Arabien). Ein tausendjähriger Rastplatz für Karawanen. Und rings umher die Wüste »Harrat Khaybar« mit einer Fläche von rund 12 000 Quadratkilometern. Die Gegend, die mit der Hölle verglichen wird, ist berühmt wegen mehrerer Lavahöhlen. Hundert Kilometer nordöstlich von Medina sind aus der Luft über 200 dieser »Drachenmotive« lokalisiert worden. In einigen Grotten der Gegend wurden Felszeichnungen, Knochen und Geschirr von prähistorischen Menschen gefunden. Sie müssen wohl die Erschaffer der Ringe und »Kites« im Wüstenboden gewesen sein. Warum nur machten sich Menschen vor Jahrtausenden die Mühe, in glühend heißen Gegenden riesige Zeichen anzulegen, die nur aus der Luft sichtbar sind?

▸ 148

Zusätzlich zu den Drachenmotiven lokalisierte Professor David L. Kennedy von der Universität Westaustralien im Gebiet von Al-Hayt rechteckige, parallel nebeneinander verlaufende Linien. Sie weisen in unterschiedliche Himmelsrichtungen und sind kilometerlang. Dann wieder tauchen Hunderte von Formationen auf, die wie überdimensionierte Schlüssellöcher ausschauen. Eins neben dem andern. Alle im Gebiet von Al-Hayt. Und diese Serie geht weiter:

Bei der Auswertung von Satellitenaufnahmen des Gebietes um den Aralsee machten russische Geologen eine sensationelle Entdeckung. Vom Kap Duan bis ins Innere der ausgedörrten Halbinsel Ustjurt fanden sie im Boden merkwürdige dreieckige Formationen. In fast ununterbrochener Kette reihten sich über mehrere hundert Kilometer riesige Dreiecke mit Seitenlängen von bis zu eineinhalb Kilometern aneinander. (Bild 148) Der usbekische Archäologe Wsewolod Jagodin, Chef der Abteilung Archäologie der Usbekischen Akademie der Wissenschaften, sagte: »Die üblichen Methoden der archäologischen Untersuchung des Gebietes sind hierfür ungeeignet. Die gigantischen Ausmaße der Anlagen machen sie vollkommen unfassbar für die menschliche Größe. Ihr Relief ist dermaßen glatt, dass man einige hundert Male auf den einzelnen Teilen entlangfahren kann, ohne zu wissen, dass sich unter der Füßen ein einzigartiges archäologisches Denkmal befindet.« [92]

Die größten, sich ständig wiederholenden Figuren ähneln riesigen Säcken mit aufgesetzten, pyramidenförmigen Pfeilern. An der Spitze der Dreiecke folgen Ringe von rund zehn Metern Durchmesser. Die Zeitschrift *Sowjetkultur* vermerkte:

»Das System konnte bisher in einer Länge von 100 Kilometern erforscht werden. Die Gelehrten sind überzeugt, dass es sich noch weiter durch das Gebiet von Kasachstan hindurchzieht und an Ausdehnung das weltbekannte System der geheimnisvollen Linien und Zeichnungen in der peruanischen Wüste von Nazca übertrifft.« [92]

Professor Rolf Ulbrich von der Freien Universität Berlin schrieb mir, ein Forscher sei in der Nähe eines pfeilähnlichen Gebildes mit dem Fallschirm abgesetzt worden. Von der Luft aus hätten die Gebilde wie gigantische grüne Linien ausgesehen. »Sie hoben sich vom weiß-braun-hellgrünen Untergrund ab wie dunkelgrüne Stoffbahnen. Je nach Jahreszeit wird das Gebiet von spärlichem Steppengras überzogen, von dornigen Büschen und weiß-bläulichem innerasiatischem Wermut der Spezies ›Dschusan‹. Dann trocknet die Gegend wieder aus, und jetzt beginnen die dunkelgrünen Linien wie monströse Signale zum Himmel zu leuchten. Am Boden aber ist nichts zu erkennen. Der abgesetzte Fallschirmspringer schlich verwirrt um den Landeplatz herum, merkte aber nicht, dass er sich in unmittelbarer Nähe eines ›Pfeils‹ aufhielt. Die Männer im Flugzeug dirigierten ihren Kollegen am Boden über Funk auf eine Linie. Erst jetzt, als er direkt darauf stand, erkannte er den linealgeraden Verlauf über einige hundert Meter.«

Die Gebilde wurden vermessen. Eine durchschnittliche Länge der Basislinien belief sich auf 400 bis 600 Meter, die anschließende Länge bis zum Dreieck an der Spitze betrug 800 bis 900 Meter, und schließlich kam noch das abschließende Dreieck mit nochmals 400 Metern Seitenlänge hinzu. Insgesamt konnte so ein Gebilde eine Länge von gut 1,4 Kilometern aufweisen. Die Dreiecke an der Spitze sind gleichschenklig, doch zielen die einzelnen Eckpunkte in unterschiedliche Richtungen. Man fand Geländemarkierungen, bestehend aus einer Anhäufung von Steinen. Grabungen ergaben mehrere Zivilisationsschichten. In der tiefsten Schicht tauchten Steinwerkzeuge aus dem dritten und vierten Jahrtausend vor Christus auf.

Wie üblich wurden Antworten gesucht und wie üblich begann man mit den nächstliegenden Lösungen. So wurde vorgeschlagen, es handle sich bei dem Ganzen um »umzäunte Reviere für gigantische Treibjagden«. Man dachte in diesem Zusammenhang an Steppenesel oder Steppenantilopen. Doch alle Vorschläge ergaben keinen Sinn, widersprachen sich und passten nicht in die trockene Landschaft. Letztlich ist man so ratlos wie in Nazca/Peru. In Peru gibt es wenigstens Berge, von denen aus man vereinzelte Figuren im Wüstenboden erkennen kann. Auf dem Plateau von Ustjurt hingegen existieren keinerlei Erhebungen. Dr. Wladimir Awinski, Mitglied der ehemaligen Sowjetischen Akademie der Wissenschaften, sagte mir persönlich, er halte die Figuren für Botschaften an außerirdische Wesen.

Weiter: Südöstlich von Los Angeles, unweit des Städtchens Blythe am Colorado-Fluss, liegen große, in den Boden gescharrte Figuren von Menschen und Tieren. (Bild 149 und 150)

Vom Colorado-Fluss abwärts bis Mexiko, von den Rocky Mountains bis zu den Appalachen an der Nordseite Amerikas, findet man rund 5000 (!) sogenannte Bilderhügel mit Bisons, Vögeln, Schlangen, Bären, Eidechsen und Menschen. Einige dieser Hügel enthielten Gräber, doch die Bilder in Hügelform sind nur aus der Luft erkennbar.

An der mexikanisch-kalifornischen Grenze in der Wüstenlandschaft von Macahui, in einem Gebiet von immerhin 400 Quadratkilometern Fläche, liegen Bodenzeichnungen, die jeder Erklärung spotten. Kreise und Räder wie im fernen Jordanien, so weit das Auge reicht, doch auch Halbmonde und ineinander verschlungene Ringe und Wesen mit Strahlenkranz um den Kopf (nördlich der Straße, die von Tijuana nach Me-

▸ 149

▸ 150

xiko führt – oder rund 25 Kilometer von Mexicali Richtung Tijuana). Luftaufnahmen sind kaum möglich, weil Büsche über den Bodenmarkierungen wuchern. Zudem handelt es sich um das stark bewachte Grenzgebiet USA-Mexiko. Hier darf niemand einfach herumlaufen.

Auf dem Wüstenboden von Majes und Sihuas in der peruanischen Provinz Arequipa wimmelt es von Scharrzeichnungen aus vorinkaischer Zeit. Dasselbe gilt für die Pampa von San José, südlich der Nazca-Ebene. Und selbstverständlich für die Atacama-Wüste von Chile. (Bild 151 bis 153)

Die neueste Entdeckung – dank des Einsatzes von Satelliten – zeigt in der Kalahari-Wüste bei Verneukpan, Südafrika, unzählige Spiralen und kilometerlange, parallel nebeneinander laufende Linien. Dazu gigantische Dreiecke und Kreisbögen. Dies auf einer Fläche von 40 Quadratkilometern. (Koordinaten: 30°0'44.8"S, 21°6'12.86"E)

Bilder für die Götter – Bilder für die Ewigkeit. In der Öffentlichkeit bekannt sind nur die Scharrzeichnungen in der peruanischen Wüste von Nazca. Dort liegen überdimensionierte Bilder und gigantische Linien im Boden. Die längste

▸ 151

▸ 152

▸ 153

der breiten Linien – die von den Eingeborenen »las Pistas« genannt werden – misst 3,8 Kilometer. Die längste der schmalen Linien gar 23 Kilometer. Sie laufen schnurgerade über Wüsten und Berge hinweg. Aber Nazca ist überall. Weltweit haben Menschen, die untereinander nicht in Verbindung standen, die nichts voneinander wussten, riesige Bilder in den Boden gelegt. Hatten die alle denselben Spleen? Oder dasselbe Bedürfnis? Über Nazca in Peru habe ich schon 20 Mal berichtet und dem Rätsel in Peru ein ganzes Buch gewidmet. [49] Deshalb wäre es für meine Stammleser (und für mich!) eine Zumutung, erneut 40 Buchseiten über Nazca zu produzieren. Immerhin will ich darüber informieren, was die Scharrbilder von Nazca nicht sind:

- ein astronomischer Kalender
- Stammeszeichen der Indios
- ein Kult für Wassergötter
- ein Kult für Berggötter
- ein Kult für den Ackerbau
- Ackerparzellen
- Grenzmarkierungen
- Pferche für Tiere
- Pfade für sakrale Handlungen
- Prozessionsstraßen
- eine geometrische Information
- Kopien von Fata Morganas
- eine überdimensionierte Webewerkstätte
- eine Landkarte
- ein Kulturatlas
- ein präinkaisches Olympia
- ein Ballonstartplatz der Indios
- eine Orgie von gemischten Kulten

Alle paar Jahre erscheint ein neues Buch über die Wüste von Nazca und alle paar Jahre eine neue TV-Dokumentation. Und ständig wird Erich von Däniken von Schlaumeiern widerlegt, die keinen blassen Schimmer vom weltweiten Phänomen der Bodenzeichnungen haben. Und – es ist geradezu langweilig – die meisten dieser Dokumentarfilmer schieben mir irgendetwas in die Schuhe, das ich nirgendwo geschrieben, nie gesagt habe. Paradebeispiel dafür ist der Dokumentarfilm des Archäologen Dr. Harald Reindel, in dem ein kurzer Auftritt von mir eingeschnitten wird mit der Behauptung, für mich sei Nazca ein Weltraumflughafen der Außerirdischen. Entweder haben die betreffenden Wissenschaftler mein Nazca-Buch *Zeichen für die Ewigkeit* [49] nie gelesen oder es wird gelogen. Das eine ist unwissenschaftlich und das andere unehrlich.

Am 8. November 63 v. Chr. hielt der Konsul Marcus Tullius Cicero vor dem Senat in Rom seine berühmte, »catilinarische Rede«. Jeder Gymnasiast, der die Rede auswendig lernen musste, vergisst den ersten Satz nie mehr:

»Quo usque tandem abutere, Catilina, patientia nostra?« – »Wie lange noch wagst du es, Catilina, unsere Geduld zu missbrauchen?«

In Anlehnung daran frage ich: Wie lange noch, ihr Gelehrten, haltet ihr die Menschen für dumm? Wann endlich begreift ihr die Globalität des Phänomens Nazca? Es darf doch nicht wahr sein, dass die Abertausenden von Scharrzeichnungen in Syrien, Jordanien, Saudi-Arabien, den USA, in Chile, Mexiko, am Aralsee oder in Afrikas Kalahari-Wüste nicht mit Nazca in Peru in Verbindung gebracht werden. Die »Ideologie« unserer steinzeitlichen Vorfahren war weltweit die gleiche. Es ging immer um Zeichen für die Götter. Um Signale an jene, die sich am Firmament bewegten. Und wie viele Generationen soll es noch dauern, bis ihr so klugen und sachlichen Gelehrten in eure Modelle endlich die alten Texte mit einbezieht? Welche Texte? Diejenigen, die von der vorgeschichtlichen Fliegerei berichten. Die Bilder und Figuren am Boden fanden ihren Niederschlag in der antiken Literatur. Die Zusammenhänge zwischen den globalen Signalen für die Götter und den Beschreibungen in den »heiligen« Büchern sind einleuchtend. Aber offensichtlich wissen die Nazca-Theoretiker nichts davon. Beispiele gefällig?

In der altindischen Literatur werden die Flugapparate der Götter ausführlich erwähnt. Dabei wimmelt es in den Veden von unterschiedlichen Flugzeugtypen, die allesamt von Piloten gesteuert werden. [93, 94] Da aber auf der Erde weder eine Infrastruktur noch eine Technologie zur Herstellung irgendwelcher Flugapparate existierte, stammten die fliegenden Vehikel, die sogenannten »Vimanas«, ausnahmslos von den Göttern. Und die wiederum beherrschten sowohl Fahrzeugarten, die sich nur innerhalb der Erdatmosphäre bewegen konnten, wie andere, die das Weltall erreichten. Und was wollten diese Götter, die Außerirdischen vor Jahrtausenden, eigentlich bei uns? Die Antwort steht im *Sabhaparva,* einem Buch des indischen Epos *Mahabharata.* Kapitel 11 (Vers 1–4) erklärt lapidar, die »Himmlischen« seien hergekommen, um die Menschen zu studieren.

Dasselbe wird im Buch des vorsintflutlichen Propheten Henoch, der als Augenzeuge – in der Ich-Form – von seinem Besuch bei den »Wächtern des Himmels« am Firmament berichtet, rapportiert. [16] Nichts anderes steht im *Kebra Negast,* dem äthiopischen Buch der Könige. [95] Dort wird über die Flugreise von Jerusalem nach Äthiopien berichtet. Zitat: »*So legte Salomon auf seinem Flugwagen an einem Tage eine Wegstrecke von drei Monaten zurück. Ohne Krankheiten und Lei-*

den, ohne Hunger und Durst. Ohne Schweiß und Ermüdung.« (*Kebra Negast,* Kap. 58)

Die gutgläubigen Nazca-Interpreten haben keine Ahnung von den Werken eines al-Mas'ūdī (895–956). Der war Arabiens bedeutendster Geograf und Enzyklopädist. Er schreibt, Salomon habe über eine Karte verfügt, welche *»die Himmelskörper zeigte, die Sterne, die Erde mit ihren Kontinenten und Meeren, die bewohnten Landstriche, ihre Pflanzen und Tiere und viele andere, erstaunliche Dinge.«* [96]

Indiens größter Dichter, Kalidasa, beschrieb in seinem Werk *Raghuvamsha* die Geschichte der alten Raghu-Dynastie. In Gesang 13, Vers 1–79, ist in allen Einzelheiten und mit akribischer Genauigkeit ein Flug von Lanka nach Ayodhya festgehalten. [97] Der Flugapparat passiert den Fluss Godavari, die Einsiedelei von Agastya, das Gebirge von Chitrakuta, die Klause von Atri am Ganges usw. – insgesamt eine Beschreibung einer Luftfahrt von 2900 Kilometern Länge, die von Sri Lanka (früher Ceylon) nach Ayodhya in Nordindien führt. Als der König Dushyanta aus dem Luftfahrzeug stieg, stellte er zu seiner Verblüffung fest, dass sich die Räder zwar drehten, aber keinen Staub aufwirbelten. Zudem berührten sie den Boden nicht, obschon Rama auf einer metallenen Treppe stand. Matali, einer der Piloten, klärte den König auf. Der Unterschied rühre daher, dass diesmal ein Himmelswagen für das Weltall benutzt worden sei – und nicht einer für die Atmosphäre.

Dieser Unterschied wird in den alten Texten immer wieder klar herausgestellt. Typisch dafür ist »Arjunas Reise in den Himmel«. Arjuna, der Held der Geschichte, fliegt mit Matali, dem Piloten, hinaus. Schon vor dem Start bemerkte Arjuna Wagen, die flugunfähig am Boden lagen, und andere, die über dem Startgebiet schwebten. [98] »*... und mit Matali kam plötzlich im Lichterglanz Indras himmlischer Wagen an, Finsternis*

▶ 154

aus der Luft scheuchend und erleuchtend die Wolken, die Gegend anfüllend mit Getöse, dem Donner gleich … Als er sich dem Bezirke nahte, der unsichtbar den Sterblichen, den Erdenwandelnden, sah er Himmelswagen, wunderschön, zu Tausenden. Dort oben scheint die Sonne nicht, der Mond nicht, sondern im eigenen Glanz leuchtet da, was unten auf der Erde gesehen wird. Ob großer Ferne gleich Lampen, obschon es große Körper sind.«

Und dies, verehrte Nazca-Spezialisten, ist gerade mal ein kleiner Auszug aus einer antiken Literatur, von der ihr keinen Schimmer zu haben scheint. Wer nichts über Vimanas weiß, nichts von den tibetanischen »Perlen am Himmel«, nichts über die fliegenden Sonnenscheiben Ägyptens, nichts über den biblischen Hesekiel, nichts von den Bodenzeichnungen in Jordanien, Saudi-Arabien, Ustjurt, Nordamerika, Mexiko, Chile etc., der sollte über Nazca keine Urteile fällen.

Wie also will man die Bodenzeichnungen erklären? Wie gar die überproportionierten geometrischen Figuren? Denn in der Wüste von Nazca gibt es nicht nur Scharrzeichnungen, »Pistas« und »Linas«, sondern auch geometrische und mathematische Botschaften. (Bild 154 und 155) Jede lokale Erklärung, die vom Ackerbau, den Tierpferchen, den Grenzmarkierungen, den Sportplätzen oder Fata Morganas ausgeht, greift ins Leere. Und wer schon die wissenschaftlich »nächstmögliche Antwort« heranzieht, kommt an den Fliegern des Altertums nicht vorbei. Auch Nichtwissen ist unwissenschaftlich.

▸ 155

► 156

Übrig bleiben Zehntausende von Bodenbildern. Definitiv so angelegt, dass sie aus der Luft erkennbar sind. Weltweit. Zeichen für die Himmlischen. In meinem Archiv liegen rund 4000 Fotos zu Nazca. Die Bilder 156 bis 195 stammen aus dieser Serie und sind zum großen Teil nirgendwo jemals veröffentlicht worden. Es sind Bilder, die nicht im Fernsehen gezeigt werden, Aufnahmen, die unterschlagen werden. Man möge sich Zeit nehmen und diese »unmöglichen« Nazca-Dokumente in Ruhe betrachten. Darunter sind Fotos, die schmale und breite Linien zeigen, die kreuz und quer übereinanderliegen. Luftaufnahmen, auf denen gleich vier »Pistas« hintereinander erkennbar sind. Alle in dieselbe Richtung weisend. Punkte im Gelände, an denen »Pistas« und »Lineas« strahlenförmig von allen Seiten zulaufen. Wer angesichts dieses umwerfenden Bildmaterials immer noch von »Prozessionsstraßen«, einem »Ballonstartplatz«, einem »astronomischen Kalender« oder »Tierpferchen« schwafelt, erzählt Unfug. Und »wissenschaftlich« sind die gestrigen Interpretationen schon gar nicht.

▸ 157

▶ 158

▶ 159

▸ 160

► 161

▸ 162

▸ 163

► 164

► 165

▸ 166

▸ 167

▶ 168

▶ 169

▸ 170

▸ 171

► 172

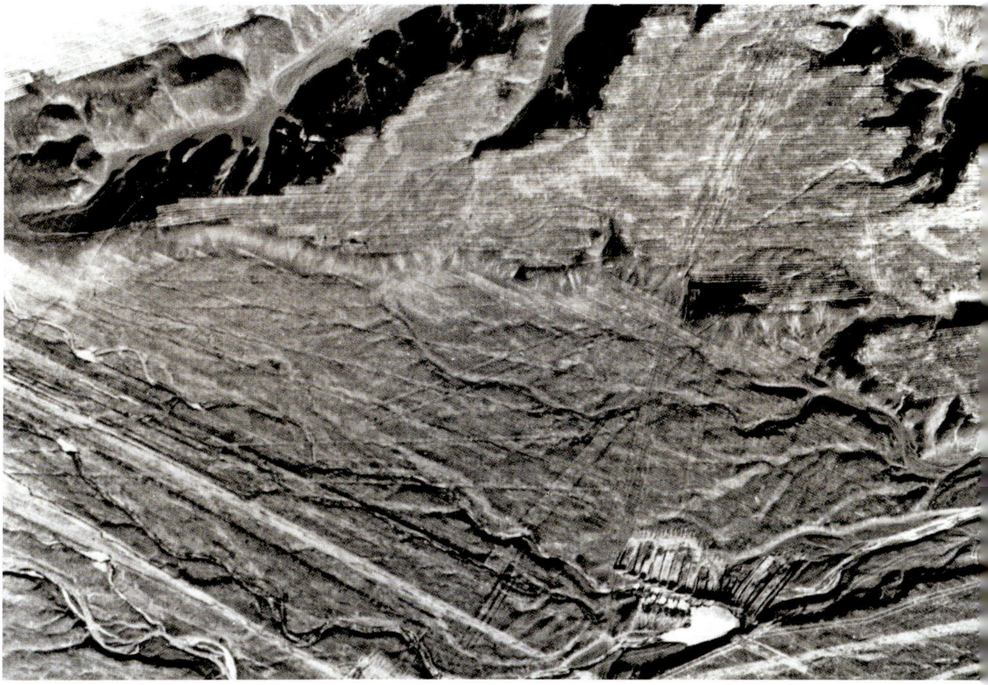

▸ 173

▸ 174

▸ 175

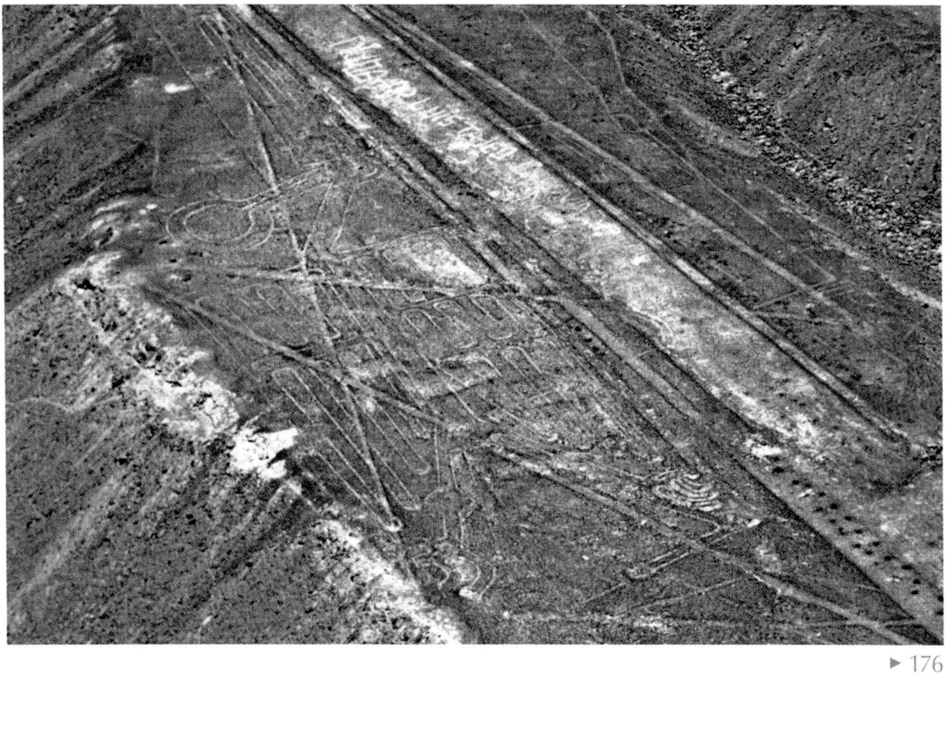

▸ 176

177

178

► 179

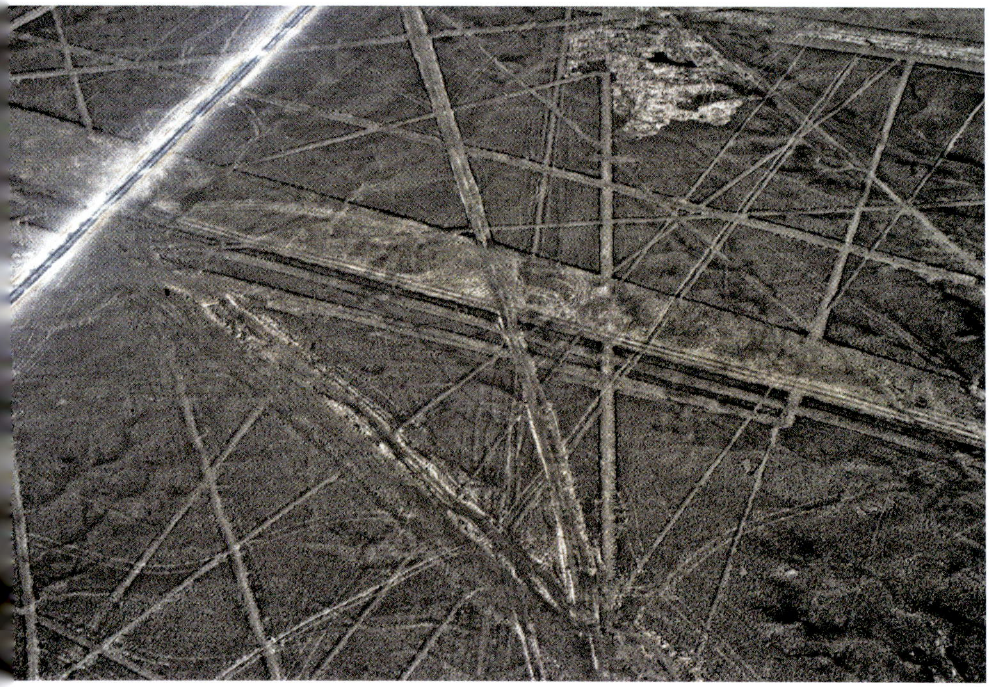

► 180

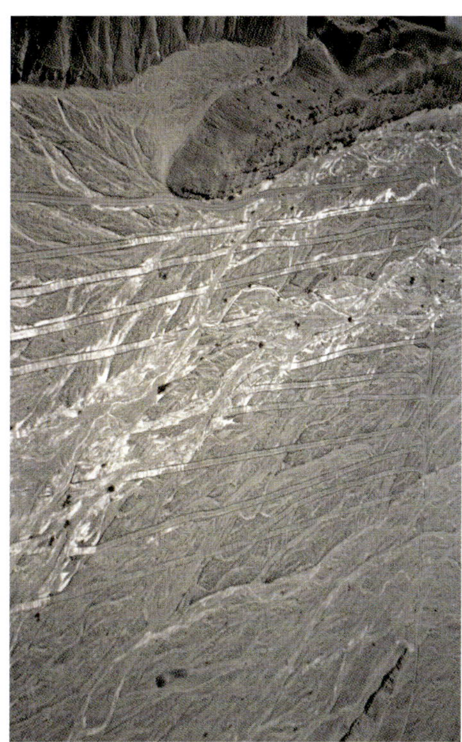

▸ 181

▸ 182

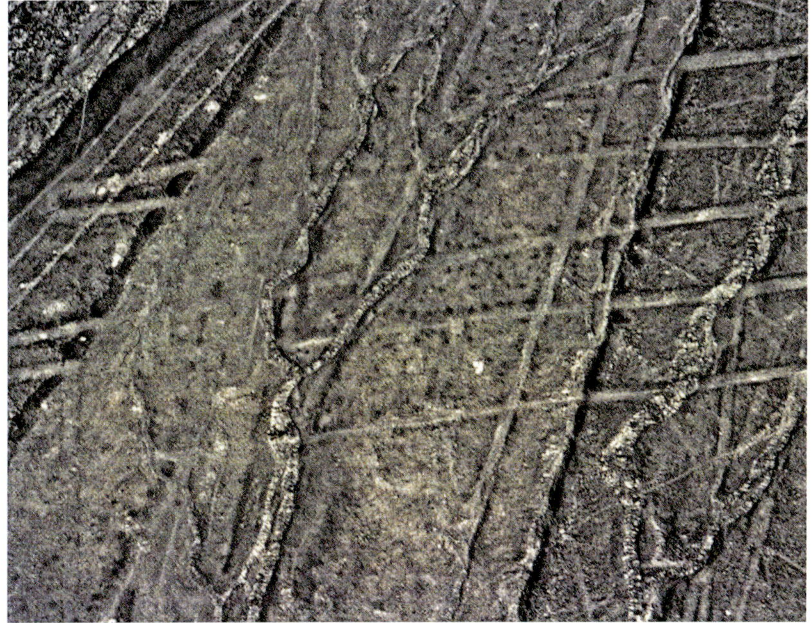

▸ 183

▸ 184

► 185

▶ 186

▶ 187

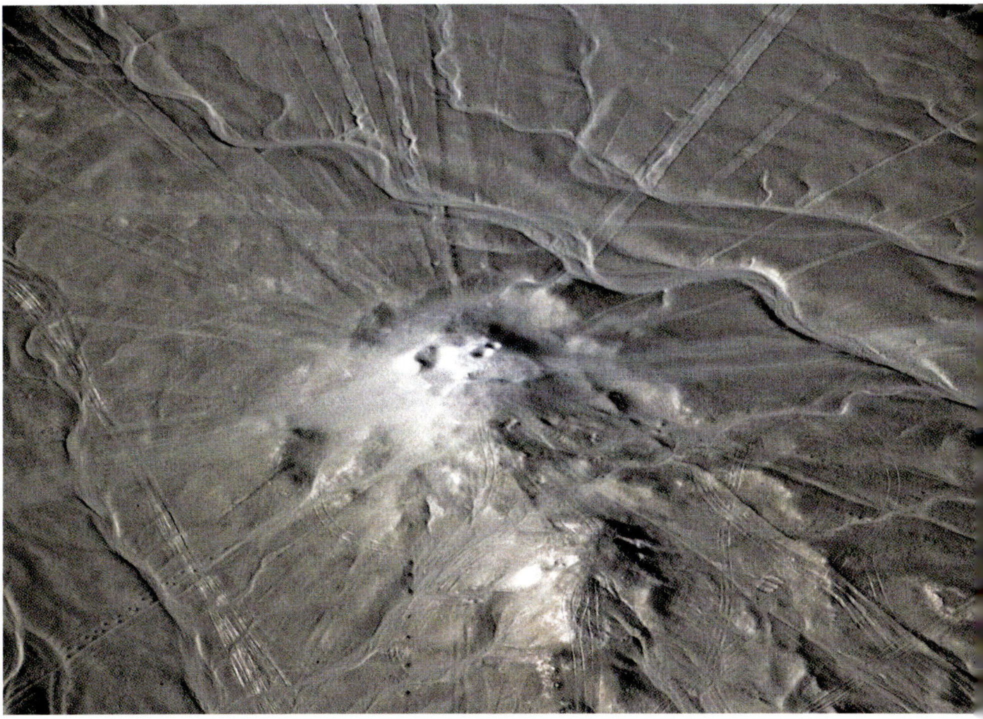

► 188

► 189

► 190

► 191

▶ 192

► 193

► 194

▸ 195

6. Kapitel

Ein Beweis genügt

Im 1. Kapitel meines Buches *Götterdämmerung* [91] behandelte ich die Ruinen von Tiahuanaco und Puma Punku im Hochland von Bolivien. Es ging um megalithische Blöcke, um phänomenale Kalender, um gewaltige Plattformen, um unterschiedliche Meinungen der Fachleute, um Datierungen und schließlich um die Aussagen der spanischen Eroberer, die um die Mitte des 16. Jahrhunderts vor all diesen Rätseln standen. Ich behauptete, einige der Blöcke aus Puma Punku/Tianuanaco stammten nie und nimmer von Steinzeitmenschen. Die Bearbeitung entspreche unserer Hightech-Zivilisation mitsamt den entsprechenden Werkzeugen. Und damit sei die Mär von einer kontinuierlichen Evolution der Technologie widerlegt.

Antworten kriegte ich nur von Kollegen – und die waren, wie zu erwarten, meiner Meinung. Diskutierte ich die Ungereimtheiten von Puma Punku und dem gleich danebenliegenden Tiahuanaco hingegen mit Fachleuten und zeigte ihnen auch die entlarvenden Bilder, so erntete ich ein entwaffnendes Achselzucken mit dem üblichen »Ja aber …!« Eher ertrinken sie an ihren »Abers«, als dass sie zugeben könnten, über Puma Punku nicht vollständig informiert gewesen zu sein, die Bilder vorher nie gesehen zu haben oder sich gar für eine Veränderung der Lehrmeinung einzusetzen. Das Letztere ist eine nie erfüllbare Hoffnung, denn kein Gelehrter widerspricht den Ansichten eines Kollegen. Also bleibt alles beim Alten. Von Generation zu Generation. Zivilcourage suchte ich vergebens – ich fand sie auch bei den Medienmachern nicht. So beweise ich denn mit einigen Beispielen aus der Ingenieurschule die

Unhaltbarkeit der bisherigen Theorien, in Puma Punku sei alles steinzeitlich.

Vor Ort liegt ein Dioritblock von rund einem Meter Höhe. Diorit ist ein Tiefengestein des Härtegrades 8 nach der Mohn-Skala. (Bild 196) Vergleichbar dem Granit. Um Diorit sehr präzise bearbeiten zu können, sind Werkzeuge mit einem höheren Härtegrad notwendig – zum Beispiel dem von Diamant. In dem Dioritblock verläuft von oben nach unten eine sechs Millimeter breite und knapp acht Millimeter tiefe Rille. In der Rille finden sich kleine, gebohrte Löcher in gleichmäßigen Abständen.

▸ 196

Diese Rille kann mit keinem Werkzeug aus der Steinzeit in den Dioritblock gezogen worden sein. Jedes damalige Arbeitsgerät verlief spitz zu. Hinten dick – vorne schmal. Die Steinmetze mussten mit dem Hammer auf das breite Ende schlagen können. Damit hätten sie die oberersten Ränder, die Kanten der Rille, immer wieder kaputtgehämmert, winzige Teile wären abgesplittert. Der rechte Winkel des Schnittes ist mit einem spitz zulaufenden Werkzeug nicht machbar. Es muss gefräst worden sein. Etwas Undenkbares in der Steinzeit.

Die Ingenieure von Puma Punku haben diverse Werkstücke mit Aussparungen, Kanten und Rillen versehen. (Bild 197)

▸ 197

Dies deshalb, weil die Blöcke millimetergenau in ihre Gegenstücke passen mussten. Man begutachte in aller Ruhe den Block in Bild 198. Er ist rechteckig, 2,74 Meter lang und 1,57 Meter breit. Er zeigt sechs Hauptflächen: oben, unten und vier Seiten. Auf diesen sechs Flächen liegen diverse Unterteilungen in rechteckiger und quadratischer Form. Auf der Frontseite – im Bild rechts – befinden sich ein größeres Quadrat und zwei kleine, übereinanderliegende Quadrate, bezeichnet mit dem Buchstaben »P«. Man versuche mal, diese präzisen Quadrate mit einem Meißel aus der Steinzeit herauszubrechen, zu feilen oder zu hämmern. Ich lebe in den Schweizer Bergen, hier wird auch mit Granit gearbeitet. Und dies nicht nur bei Grabsteinen, sondern auch im militärischen Bereich. So zeigte ich die Bilder fünf Fachleuten und erbat ihren Ratschlag. »Mit Steinzeitwerkzeugen nicht zu machen«, war die unisono lautende Antwort. Auf der Oberfläche des Blocks – ziemlich in der Mitte des linken Randes – liegen zwei Aussparungen nebeneinander. Ein Rechteck und daneben eine Nut oder ein Zapfen. Beides unmöglich herzustellen mit Steinzeithämmern. Zudem ist der gesamte Block ein Keil. Hinten dicker als vorne. Die kleinsten Details belegen die Planung. Schließlich muss jede Aussparung, jedes Quadrat und jedes Rechteck in ein Gegenstück passen. Nahtlos. Das Gesamtgewicht des Blockes beträgt übrigens 8500 Kilo.

Bild 199 zeigt vier Dioritblöcke, die auf Anhieb gleich scheinen. Sind sie aber nicht. Jeder einzelne Block ist eine Meisterleistung. Es sind vorfabrizierte Elemente, die sich zur Hälfte ineinanderschieben lassen. Vergleichbar heutigen Lego-Bausteinen. Die millimetergenaue Vermessung an den Schienen, Aussparungen, Querbalken sowie die präzise Detailarbeit belegen die ingenieurmäßigen Berechnungen vor Arbeitsbeginn. Auf welchem Material sollen diese Berechnungen erfolgt sein? Auf Koka- oder Maisblättern? Auf Fellen? Im Sand? Mittels Steinritzungen? Ausgelegten Fäden? Welches Millimeterband wurde eingesetzt? Aufs Geratewohl loszuhämmern war bei dieser Präzisionsarbeit unmöglich. Ein einziger falscher Schlag – und das Werkstück war futsch. Welche Ingenieur-

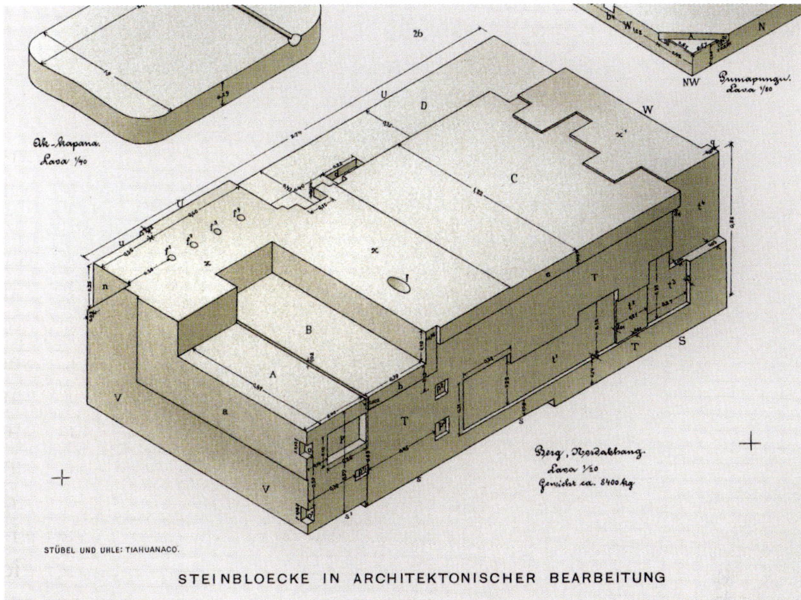
Ak-Kapana.
Lava 1/40
Pumapungu.
Lava 1/20
Berg, Nordabhang.
Lava 1/20
Gewicht ca. 8400 kg
STÜBEL UND UHLE: TIAHUANACO.
STEINBLOECKE IN ARCHITEKTONISCHER BEARBEITUNG

▶ 198

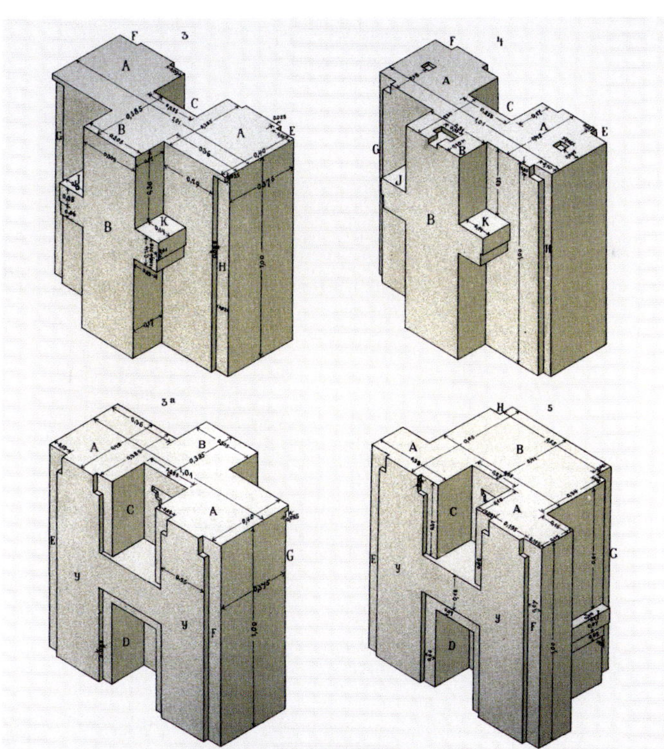

▶ 199

schule sollen die steinzeitlichen Planer besucht haben? Woher stammten ihre vermessungstechnischen Hilfsmittel? Woher das Wissen über den Härtegrad der unterschiedlichen Werkstücke? Aus welcher Werkstatt kommen die Schablonen? Wer baute – in der Steinzeit! – die Kranvorrichtungen?

Heute würden derartige Arbeiten mithilfe von Fräsen und Bohrern mit hoher Rotationsgeschwindigkeit bewerkstelligt. Die ausführenden Maschinen würden über Stahlschablonen geführt. Und all dies, um den harten Diorit zu bearbeiten. Logischerweise müssen die eingesetzten Werkzeuge härter gewesen sein als die bearbeiteten Werkstücke. Die Hebe- oder Kranvorrichtungen mussten die fertigen Einzelteile drehen und ineinander einrasten lassen. Und dies ohne die kleinste Zersplitterung des Materials. All dies bei den verschiedenen Flächen, Rechtecken, Quadraten, Aussparungen, Leisten und unterschiedlich tiefen Ebenen. Bauelemente unserer Zeit sind vergleichsweise viel primitiver als die in Puma Punku angewandte Technik.

Ein veritabler Doktor der Archäologie, einer von den brillanten und humorvollen Gelehrten, dem ich diese Bilder zeigte, lachte mir fröhlich ins Gesicht. »Erich«, meinte er, »du bist auf eine Fälschung hereingefallen. Irgendein Gelehrter wollte dich mit seinen Studenten veräppeln. Also haben sie die technischen Zeichnungen angefertigt und sie dir untergeschoben. Das Ganze ist ein Jux.«

Oh! Alle hier gezeigten Zeichnungen mitsamt den eingetragenen Buchstaben und Millimeterangaben stammen aus dem Buch von Max Uhle und Alfons Stübel. Uhle war Archäologe. Man bezeichnet ihn auch als »Vater der peruanischen Archäologie«. Alphons Stübel war Geologe. Uhle und Stübel arbeiteten eineinhalb Jahre im Hochland von Bolivien. Die exakten Vermessungen und Beschriftungen der Blöcke stammen von ihnen. Ihr Werk *Die Ruinenstätte von Tiahuanaco im Hochlande des alten Peru* [99] erschien im Jahre 1892. In einem Wort:

achtzehnhundertzweiundneunzig.

Mit diesem Erscheinungsjahr hat sich's endgültig ausgejuxt!

Literaturverzeichnis

[1] Tello, Julio, C.: »Discovery of the Chavin Culture in Peru«. In: *American Antiquity,* Vol. IX. No. 1, Menasha 1943

[2] Däniken, Erich von: *Was ist falsch im Maya-Land?*. Rottenburg 2011

[3] Stingl, Miloslav: *Die Inkas – Ahnen der Sonnensöhne.* Düsseldorf 1978

[4] Disselhoff, H. D.: *Das Imperium der Inka.* Berlin 1972

[5] Pörtner, Rudolf und Davies, Nigel: *Alte Kulturen der Neuen Welt. Neue Erkenntnisse der Archäologie.* Düsseldorf 1980

[6] Trimborn, Hermann: *Das Alte Amerika.* Stuttgart 1959

[7] Nachtigall, Horst: *Die amerikanischen Megalithkulturen.* Berlin 1958

[8] Huber, Siegfried: *Im Reich der Inka.* Olten 1976

[9] Katz, Friedrich: *Vorkolumbianische Kulturen – die großen Reiche des alten Amerika.* München 1969

[10] Franz, Heinrich: »Tiermaske und Mensch-Tier-Verwandlung als Grundmotive der altamerikanischen Kunst«. In: *Jahrbuch des kunsthistorischen Instituts der Universität Graz,* 1975

[11] Wedemeyer, Inge von: *Sonnengott und Sonnenmenschen.* Tübingen 1970

[12] Volkrodt, Wolfgang: *Es war ganz anders. Die intelligente Technik der Vorzeit.* München 1991

[13] Brugsch, Heinrich: *Die Sage von der geflügelten Sonnenscheibe nach altägyptischen Quellen.* Göttingen 1870

[14] Rießler, P.: *Altjüdisches Schrifttum außerhalb der Bibel. Die Apokalypse des Abraham.* Augsburg 1928

[15] Kanjilal, Dileep Kumar: *Vimanas in Ancient India.* Calcutta 1985

[16] Kautzsch, Emil: *Die Apokryphen und Pseudepigraphen des Alten Testaments,* Band II: *Das Buch Henoch.* Tübingen 1900

[17] Krickeberg, Walter: *Die Religionen des Alten Amerika.* Stuttgart 1961

[18] Burckhardt, Georg: *Gilgamesch – eine Erzählung aus dem Alten Orient.* München o. J.

[19] *Die Heilige Schrift.* Stuttgart 1972

[20] Däniken, Erich von: *Falsch informiert!.* Rottenburg 2007

[21] Bopp, Franz: *Ardschuna's Reise zu Indra's Himmel: nebst anderen Episoden des Mahabharata.* Berlin 1824

[22] *Das Buch Mormon.* 1966

[23] Talmage, James E.: *Die Glaubensartikel – eine Untersuchung und Betrachtung der Hauptlehren der Kirche Jesu Christi der Heiligen der Letzten Tage.* Salt Lake City o. J.

[24] Kauffmann Doig, Federico: »La cultura Chavin«. In: *Las grandes civilizaciones del antiguo Perú,* Tomo III. Lima 1963

[25] *Kebra Nagast, die Herrlichkeit der Könige; Abhandlungen der philosophisch-philologischen Klasse der Königlich-Bayrischen Akademie der Wissenschaften.* Hrsg. Carl Bezold. 23. Band, 1. Abt., München 1905

[26] Däniken, Erich von: *Der Mittelmeerraum und seine mysteriöse Vorzeit.* Rottenburg 2012

[27] Stöpel, Karl Theodor: *Südamerikanische prähistorische Tempel und Gottheiten.* Frankfurt 1912

[28] Preuss, Theodor: *Monumentale vorgeschichtliche Kunst.* Göttingen 1929

[29] Lechtmann, Haether: »Vorkolumbianische Oberflächenveredelung von Metall«. In: *Spektrum der Wissenschaft,* August 1984

[30] Däniken, Erich von: *Zeichen für die Ewigkeit.* S. 175 ff., München 1997

[31] De la Vega, Inca Garcilaso: *Comentarios Reales de los Incas.* Madrid 1722

[32] Molina, Cristóbal de: *Relación de las fábulas y ritos de los incas.* Hamburg o. J.

[33] Betanzanos, Juan de: *Suma y narration de los Incas,* Bd. 1. Madrid 1880

[34] Caillois, Roger: *Steine.* Übers. von G. Henninger. München 1983

[35] Disselhoff, Hans-Dietrich: *Das Imperium der Inka und die indianischen Frühkulturen der Andenländer.* Berlin 1972

[36] Grömling, Willi: *Tibets altes Geheimnis. Gesar, ein Sohn des Himmels.* Groß-Gerau 2005

[37] Apelt, Otto: *Platon – sämtliche Dialoge. Kritias und Timaios.* 1922 (Neuauflage Hamburg 1988)

[38] Muck, Otto: *Alles über Atlantis.* Wien 1976

[39] Galanopoulos, Angelos und Bacon, Edward: *Die Wahrheit über Atlantis.* München 1980

[40] Nestke, Fritz und Riemer Thomas: *Atlantis – ein Kontinent taucht auf.* Halver 1988

[41] Däniken, Erich von: *Im Namen von Zeus.* München 1999

[42] Kruparz, Heinrich: *Atlantis und Lemuria.* Gnas 2009

[43] Churchward, James: *The Children of Mu.* New York 1968

[44] Blumrich, Josef: *Kásskara und die sieben Welten.* Wien und Düsseldorf 1979

[45] Däniken, Erich von: *Der Mittelmeerraum und seine mysteriöse Vorzeit.* Rottenburg 2012

[46] Däniken, Erich von: *Grüße aus der Steinzeit.* Rottenburg 2010

[47] Däniken, Erich von: *Die Steinzeit war ganz anders.* München 1991

[48] Fosar, Grazyna und Bludorf, Franz: »Gottes Landkarte. Russische Wissenschaftler fanden 120 Millionen altes Artefakt«, Internetbeitrag (http://www.fosar-bludorf.com/ural)

[49] Däniken, Erich von: *Zeichen für die Ewigkeit.* München 1997

[50] Däniken, Erich von: *Beweise,* S. 412 ff. Düsseldorf und Wien 1977

[51] Dougherty, Cecil N.: *Valley of the Giants.* Cleburne, Texas, 1971 (Das Buch erschien in mehreren ergänzten Auflagen.)

[52] Cremo, Michael A. und Thompson, Richard L.: *Verbotene Archäologie.* Rottenburg 2006

[53] Ruzo, Daniel: *La Historia fantastica de un descubrimiento.* Mexico 1974

[54] *Las Ultimas Noticias,* Santiago de Chile, 26. Oktober 1968

[55] Eissmann, Rafael Videla: *El Enladrillado, una meseta prediluvial en los Andes.* Santiago de Chile 2008

[56] Kiss, Edmund: *Das Sonnentor von Tihuanaku und Hörbigers Welteislehre.* Leipzig 1937

[57] Flindt, Max H.: *Between the Apes and the Angels.* Los Altos 1999

[58] »Drei Scheiben als Beweise für die Götter-Astronauten?«. In: *Kärntner Tageszeitung,* 1. Juli 1977

[59] »Spuren aus dem Weltall?«. In: *Salzburger Nachrichten,* 26. Juni 1977

[60] Childress, David H.: »The Evidence for Ancient Atomic Warfare«, Part 1 (Extracted from *Nexus Magazine,* Vol. 7, Nr. 5, Aug.-Sept. 2000.)

[61] »Dating the Lybian Desert Silica-Glass«. In: *Nature,* Nr. 170, 1952.

[62] »5000-year old mummy has an artificial heart«. In: *Weekly World News,* 22. Juni 1986

[63] Brief von Dr. Milan Kalous an Erich von Däniken. EvD-Archiv, Nr. 003276

[64] Pooyard, Patrice: *Das Geheimnis der Pyramiden. Ekwanim Production,* Universum-Film, München 2011

[65] Bodnaruk, Nikolai: »Das geheimnisvolle Netz auf dem Globus«. In: *Komsomolskaja Prawda,* darüber hinaus veröffentlicht in: *Sputnik* (Digest der sowjetischen Presse), 9/1974

[66] Glasenapp, Helmuth von: *Der Jainismus. Eine indische Erlösungsreligion.* Hildesheim 1984 (Originalausgabe 1925)

[67] Frauwallner, Erich: *Geschichte der indischen Philosophie.* Salzburg 1953

[68] Krannich, Paul H.: *Henochs Uhr.* Norderstedt 2009

[69] Wahrmund, A.: *Diodor von Sicilien. Geschichtsbibliothek,* 1. Buch. Stuttgart 1866

[70] Roth, Rudolf von: *Über den Mythos von den fünf Menschengeschlechtern bei Hesiod und die indische Lehre von den vier Weltaltern.* Tübingen 1860

[71] Stuart, David und George: *Palenque, Eternal City of the Maya.* London 2008

[72] Schomerus, H. W.: *Indische und christliche Enderwartung und Erlösungshoffnung.* Gütersloh 1941

[73] Feer, Léon: *Anales du Musée Guimet. Extraits du Kandjour.* Paris 1882

[74] »Der Mensch stammt doch ab«. In: *Focus,* Nr. 44/1996

[75] »Darwin ja – aber Gott sorgte für den Urknall« (Interview von Susanne Stettler). In: *Der Blick,* 28. Oktober 1996

[76] Chardin, Teilhard de: *Der Mensch im Kosmos.* München 1965

[77] Puccetti, Roland: *Außerirdische Intelligenz.* Düsseldorf 1970

[78] Flindt, Max: *Mankind, Child of the Stars.* Greenwich, Con. 1974

[79] Wilder-Smith, A. E.: *Die Demission des wissenschaftlichen Materialismus.* Heerbrugg 1976

[80] Hoyle, Fred: *Das intelligente Universum.* Frankfurt/M. 1984
Hoyle, Fred und Wickramasinghe, Chandra: *Evolution aus dem All.* Frankfurt/M. 1981.

[81] Crick, Francis: *Das Leben selbst.* München 1983

[82] Vollmert, Bruno: *Das Molekül und das Leben.* Reinbeck 1985

[83] Horn, Arthur D. und Mallory-Horn, Lynette A.: *Humanity's Extraterrestrial Origins: ET Influence on Humankind's Biological and Cultural Evolution.* 1977

[84] Nagel, Thomas: Mind and Cosmos: *Why the Materialist Neo-Darwinian Conception of Nature is Almost Certainly False.* Oxford University, 2012

[85] Streeck, Nina: »Glaubenskrieg um Darwin«. In: *Neue Zürcher Zeitung,* 7. Juli 2013

[86] Soto, Alvaro: *Buritaca 200 – Cuidad Perdida.* Bogota o. J.

[87] Preuss, Theodor Konrad: *Forschungsreise zu den Kagaba.* Wien 1926

[88] Sandars, N. K.: *The Epic of Gilgamesch.* Baltimore 1960

[89] Burckhardt, George: *Gilgamesch, eine Erzählung aus dem Alten Orient.* Frankfurt 1958

[90] Kautsch, Emil: *Die Apokryphen und Epigraphen des alten Testaments,* Band II: Buch Henoch

[91] Däniken, Erich von: *Götterdämmerung.* Rottenburg 2009

[92] »Die geheimnisvollen Pfeile von Ustjurt«. In: *Sowjetkultur,* 11. August 1989

[93] Gentes, Lutz: *Die Wirklichkeit der Götter – Raumfahrt im frühen Indien.* München 1996

[94] Kanjilal, Dileep Kumar: *Vimanas in Ancient India*

[95] *Kebra Negast, die Herrlichkeit der Könige; Abhandlungen der philosophisch-philologischen Klasse der Königlich-Bayrischen Akademie der Wissenschaften.* Hrsg. Carl Bezold. 23. Band, 1. Abt., München 1905

[96] Al-Mas-'ūdī: *Bis zu den Grenzen der Erde*

[97] Bopp, Franz: *Ardschuna's Reise zu Indra's Himmel: nebst anderen Episoden des Mahabharata.* Berlin 1824

[98] Roy, Chandra Pratap: *The Mahabharata, Band: Drona Parva.* Calcutta 1888

[99] Stübel, A. und Uhle, M.: *Die Ruinenstätte von Tiahuanaco im Hochlande des alten Peru.* Leipzig 1892

[100] Däniken, Erich von: *Reise nach Kiribati.* Düsseldorf 1981

[101] Däniken, Erich von: *Strategie der Götter.* Düsseldorf 1982

Bildquellen

Bilder 5 bis 12, 25 und 26: Mario Gigandet, Guatemala

Bilder 36 und 37: Dr. Wolfgang Volkrodt

Bilder 71 und 72: Floyd Varesi, Gelterkinden

Bilder 107 und 108: Shun Daichi / Kenichi Shindo

Bild 116: Rafael Videla Eissmann, Argentinien

Bild 120: *De viaje por Argentina*

Bild 140: *Google Earth*

Bilder 141 und 146 (Zeichnungen): Ramon Zürcher, Heimenschwand

Alle anderen Bilder:
© Erich von Däniken
CH-3803-Beatenberg, Schweiz

Liebe Leserin, lieber Leser,

wie in jedem meiner Bücher möchte ich Ihnen die Gesellschaft für Archäologie, Astronautik und SETI vorstellen – abgekürzt AAS. Wir suchen nach neuen Antworten, weil die alten in vielen Bereichen überholt sind.

Es ist unser Ziel, einen anerkannten Beweis für den Besuch von Außerirdischen auf unserer Erde zu erbringen. Dies vor Jahrtausenden. Dabei wollen wir den Grundregeln des wissenschaftlichen Erkenntnisgewinns folgen, uns aber nicht von bestehenden Dogmen oder Paradigmen eingrenzen lassen.

Im Zwei-Monats-Rhythmus geben wir die Zeitschrift *Sagenhafte Zeiten* heraus, die allen Mitgliedern der AAS zugestellt wird. Wir organisieren nationale und internationale Konferenzen und führen Studienreisen an interessante archäologische Stätten durch.

Unser jährlicher Mitgliedsbeitrag beläuft sich auf 49.– Euro/57.– CHF (Stand Herbst 2013). Wissenschaftler wie Laien aus allen Berufsgruppen gehören zu uns. Wir sind kein exklusiver Club. Jeder kann dabei sein.

Ich würde mich freuen, wenn Sie Gratisauskünfte erbitten bei:

AAS, Postfach, CH-3803 Beatenberg
www.sagenhaftezeiten.com
E-Mail: info@sagenhaftezeiten.com